Annual
of the Institute
for Life and Death Studies,
Toyo Eiwa University

死生学年報 2023

●死生学の拡がり

東洋英和女学院大学
死生学研究所編

LITHON

目次

〈論文〉

目　　次

〈論文〉

メンタルヘルスと死生観
——スピリチュアリティの二つの枝——

石丸 昌彦

「メンタルヘルス」は健康という実践的な価値の一側面を為すものであり、現代人の日常生活の中で頻繁に意識され、その維持や向上は人々の大きな関心事となっている。これに対して「死生観」は思想・信仰・生き方といった個人の信念に関わるものであり、より観念的・規範的な心の内奥に属し、日々の生活で意識されることは比較的少ない。両者は別の範疇に属する異なる概念であって、並列して論じることは不自然にも思われる。

しかしながら今日の社会における両者のありようを丁寧に見ていくならば、両者の間に実は深い連関があり、現代人のメンタルヘルスを見直すうえで死生観が一つの有力な鍵を提供することがわかってくる。そしてこの両者をつなぐキーワードが「スピリチュアリティ」である。

メンタルヘルス、死生観、そしてスピリチュアリティ、この三つの言葉の相互関係と、それらが総体として現代人の生活にもたらす意味について考えてみたい。スピリチュアリティを幹として、実践の方向にメンタルヘルス、思想・信念の方向に死生観という二本の太枝が伸びていく、そんなイメージを筆者は抱いている。

1. メンタルヘルスとスピリチュアリティ

(1) WHOの健康の定義

「健康とは何か」ということが問題にされるとき、決まって引用されるのがWHOの有名な定義である（表1）。WHO（World Health Organization 世界保健機関）が国際連合の専門機関として1948年に発足するにあたって世界に向けて発信され、その後今日まで地球上の至るところで繰り返し引用されてきた。

表１　WHOによる健康の定義（原文英語、筆者訳）

Health is a state of complete physical, mental and social well-being and not merely the absence of disease or infirmity. 健康とは単に病気・病弱ではないことに尽きるものではなく、身体的・精神的・社会的に申し分のない状態にあることである。

今日においても啓発的なその内容に、三点の特徴を見ることができる。

第一は、病気・病弱の不在を前提としつつ、より以上の価値の達成を求めていること、すなわち積極的な健康観を採用したことである。日常の健康づくりに慣れ親しんでいる今日の我々には自然な発想であるが、第二次世界大戦終結から日も浅く、あらゆる国と地域に多種多様な病気が蔓延していた当時においては斬新なものであった。

第二は、病気・病弱の不在を超える積極的な健康概念を支えるものとして、「身体的・精神的・社会的」という三つの側面における良好な状態を要請し、包括的な健康観を提示したことである。身体的（physical）、精神的（mental）までは理解しやすいが、そこに社会的（social）の語が加わっていることが注目される。生命と健康に対する戦争の脅威をつぶさに体験し、貧困や飢餓の恐ろしさを実感していた当時の人々の脳裏に、社会的条件の整備なくして集団の健康水準を維持し得ないことが、歴史的教訓として深く刻まれていたのであろう。

第三は、「完全に良好な状態」とも「申し分ない状態」とも訳される“a state of complete well-being”という言葉の要求水準の高さである。もとより、こうした条件を文字通り満たすことを判別の条件とするなら、「健康である」と胸を張って答えられる者はきわめて少数しか残らないことになる。この文言はそのように個々人が健康か否かを選別する趣旨ではなく、健康を求める人類の活動に関して高い努力目標を掲げたものと解することができる。これを理想主義的な健康観と呼んでおこう。

このように、積極性・包括性・理想主義の三つの特徴を備えた健康の定義をWHOは発足の時点で高らかに提唱した。もとより、この種のいかなる理念も完全ではあり得ず、この定義はさまざまな批判や異論を惹起してきた。とはいえ、第二次世界大戦後の新時代の幕開けにあたって、このような健康概念が国際連合の専門機関によって発信されたことは、人類の健康史に新たな時代を拓くものとなった。

(2) メンタルヘルスのダイナミズム

上述の WHO の定義は健康一般に関するものであるが、メンタルヘルスに関するヒントを含むものでもある。健康そのものが積極的・包括的なものとしてイメージされるなら、その一側面である精神の健康もまた積極的・包括的なものと考えることができるだろう。

すなわちメンタルヘルスとは、精神疾患の不在や精神疾患への耐性だけで足るものではなく、より以上の精神的な豊かさを含意する積極的な概念である。昨今注目されているポジティヴ心理学やポジティヴ精神医学に通じる発想であるが、このように学説として特化する以前に、多くの生活者がこのような意味での精神的な健康を現に求めている。ストレス対処方略やライフワークバランス、情緒の安定性や自己効力感に関する巷の言説はすべてこれに関わるものである。

上述の健康一般の定義が「身体・精神・社会」の三つ組みであることも参考になる。こうした三本の柱、あるいは三層の重なりに支えられてトータルな健康が成立するのであり、「身体・精神・社会」の三つの次元のダイナミックなバランスを「健康」と呼ぶのである。身体の健康は精神的・社会的状況の関数であり、逆に精神は身体的・社会的状況の関数と考えることができる。これまた一般の生活者が、ウォーキングやジム通いで体を使って精神的なストレスを解消したり、家族や親しい友人との歓談で憂さを晴らしたりするときに、意識的・無意識的に活用していることである。

メンタルヘルスも健康一般と同様に、人間活動のさまざまな側面のバランスの上に成立しており、身体の次元から形而上の次元に及ぶ拡がりと深みをもつものであることが、ここからもわかる。

(3) スピリチュアルの次元

以上に述べた健康の定義が公開されてからちょうど半世紀後、文言の加筆修正が WHO の委員会に提案されて話題になった。この提案には二つのポイントがあった（表 2）。その一つは原文の a state に一語加えて a dynamic state すなわち「完全に良好な動的状態」にすべしというもので、興味深い論点であるが、本稿の議論にはさしあたり関わりがない。そしてもう一つの指摘は、「身体的・精神的・社会的（physical, mental, social)」に加えて

“spiritual” の語が必要であるというものだった。

表２　WHO の健康の定義に関する加筆修正提案

> Health is a dynamic state of complete physical, mental, social and spiritual well-being and not merely the absence of disease or infirmity.

後者の提案はとりわけイスラム圏から強い支持があったといわれ、本会議での採択が有力視されていた。当時わが国の行政担当者の間では、これが採択された時に日本語で何と訳すかをめぐって議論があったと伝えられる。“spiritual” は「霊的」とでもする他ないであろうが、この言葉を健康の定義に加えることは、平均的な日本人の言語感覚に照らして違和感があるというのである。まさにそうした違和感の中に、日本人の健康観の一つの盲点を見てとることができる。

結果的にはこの提案は WHO 本会議では採択が見送られた。訳語の選択に頭を悩ませていた人々は安堵したであろうが、日本人がスピリチュアルという視点に触れる貴重な機会を逸したともいえる。「霊的」と聞けば多くの日本人は「人魂」に象徴されるような霊界との交流や超常現象、あるいはスピリチュアルヒーリングといったことを思い浮かべるのではあるまいか。それらはしばしば怪しげであり、控えめに言っても非科学的・非実証的との印象を免れることが難しい。

一方、WHO の場で提起された問題は、これとは根本的に異質のものである。健康問題に限らず、一般に人間の存在を physical、mental、social、spiritual という四つの軸に沿って見立てる考え方は、イスラム圏に限らず広く認められる一種のグローバルスタンダードであることを、筆者はその後さまざまな機会に確認してきた。

その一例はアメリカ滞在中に幼稚園の父親説明会で経験したことである。1995 年のある日、この幼稚園の女性園長は私のような外国人にもよくわかる明瞭な発音でこう挨拶した。

「お父さま方の幸を、心からお喜び申しあげます。皆さまはこれからお子さんたちが四つの面で日ごとに成長していくのを楽しまれることでしょう。四つの面での成長、すなわち physical, mental, social, and spiritual development です。」

この幼稚園はバプテスト教会の附属幼稚園であったから、彼女の文脈では

spiritual は religious とほぼ互換的に用いられているものと考えられる。そもそも spiritual の語は spiritus（霊、聖霊 spiritus sanctus）に由来しており、父・子・聖霊なる三位一体の神を信ずるキリスト教はもとより、「神の霊」のイメージをもつ一神教文化圏で広く受け入れられる素地がある。WHO の健康概念の修正要求が主にイスラム圏から出てきた背景に、こうした文化的素地があることは想像に難くない。しかし後述する通り、spiritual の次元は宗教に限定されない重要な意義をもっている。

(4) スピリチュアルと日本の「こころ」

スピリチュアリティに関するグローバルな意識の高さを実感するにつけ、その事情を日本人仲間にどのように伝えるかということが、当時の筆者の悩みの種となった。苦心の末に編み出したのは以下のような説明である。

たとえば幼稚園児が成長する中で、「あいさつ」という習慣を身につけていくプロセスを考えてみよう。このプロセスは前述の四つの側面が複合的に関わる発達過程と考えられる。

まず、あいさつの言葉を適切に発音・発語できる身体的発達（physical）。

次いで、あいさつの言葉を正しい語法と文法に従って用いるための知的発達（mental）。

さらに、対人交流のどのような場面でどのようにあいさつすれば良いかを理解する社会性の発達（social）。

この三つで「あいさつ」はさしあたり可能になるが、これで十分かと言えばそうではない。心ある親であれば、これらに加えて自分の子どもが「こころから」「こころをこめて」あいさつできることを望むだろう。

「口先だけの『ごめんなさい』には意味がない、心から謝らなければ」

「こころをこめて『ありがとう』を言いなさい」

ここで求められているのは「まごころ」とか「誠意」とかいったものであり、その連想上に「感謝」「贖罪」「良心」「共感性」といった一連の言葉が次々に浮かんでくる。道徳や倫理に関わること、人として最もたいせつと見なされるものであり、脳科学的には前頭前野の機能とも関連づけられるだろうが、いずれにせよこれらは physical, mental, social という三つの次元に解消することのできない、別次元の精神の機能と考えられる。

「精神の機能」なら mental ではないかと言われそうだが、英語の mental

は日本語の「精神（的）」とはニュアンスが微妙に異なり、知的な能力に軸足を置いたものであることに注意したい。知的障害はかつて日本語で「知恵遅れ」と呼ばれたが、英語におけるその対応語が“mental retardation”であることは、この事情を端的にあらわしている。

mentalな領域に解消されない、良心や道徳に関わるこれらの精神機能は、英語ではspiritualな範疇の事柄に分類される。それは伝統的には宗教によって担保される精神の聖域であった。世俗化の進む今日においてはしばしば非宗教的な形をとるとしても、mentalを超える何らかの原理によって統御すべき領域であることは変わりがない。

ここで直面する難しさは、こうした領域に関わる事態を表すものとして、spiritual/spiritualityに対応する特定の用語を日本語がもっていないことであろう。その構図がWHOの健康概念の改訂騒動にあたって浮き彫りになったのである。もちろんそのことは、spiritualなことがらに関する感受性そのものが日本語話者に欠けていることを意味しない。日本語の既存の語彙の中で、たとえば先にも出てきた「まごころ」は、spiritualityにかなり近いニュアンスをもっている。「こころから」「こころをこめて」といった用例をみてもわかるように、「こころ」という言葉は日本人にとっては単なる精神機能を超えた規範的な意味を豊かに含むものであり、「まごころ（真心）」は、さしづめその結晶ないしは精華と言えるだろう。

どうやら、「こころ」という言葉が日本語の中で担わされる領域は少々広すぎるようである。精神疾患はしばしば「心の病」と呼ばれるが、これに対して「心が病んでいる」という表現に共感性や道徳性の欠如を感じとる立場からの根強い反発があることは、こうした広すぎる用法への警鐘ともいえる。「こころ」という日本人の大好きな言葉の用い方について、再考する必要があるかもしれない。

こうした仔細を踏まえ、WHOの健康の定義とその不発の改訂案が提示する四つの側面について、筆者は表3のように整理して考えている。

表3　健康を支える四つの次元

physical	身体性	からだ
mental	精神性（知性・情性）	あたま・きもち
social	社会性	なかま
spiritual	霊性	こころ

(5) スピリチュアルペインとスピリチュアルケア

スピリチュアリティとメンタルヘルスの関係を考えるうえでよい糸口となるのは、スピリチュアルペイン spiritual pain である。ペインすなわち痛みという現象に、健康を目ざすものは無関心であることができない。

スピリチュアルペインは、ホスピスなど緩和ケアの場面における切実なテーマである。がんをはじめとする予後不良の疾患にかかって余命を宣告された時、誰しも死生について考えずにはいられない。「なぜ今こんな病気にかかったのか」「どうして今、死んでいかなければならないのか」といった個人的な問いから、「死後の世界はあるのか」「人はどこから来てどこへ行くのか」といった一般的な問い、さらには「命とは何か」「人は何のために生きるのか」といった形而上の問いに至るまで、健康なときには意識しなかったさまざまな自問が人の心を悩ますことになる。これらはいずれもスピリチュアルな次元の問題であり、本人にとっては切実な問いであるけれども、その答えは医学や医療制度の中には存在せず、当事者は自らその答えを探すほかはない。

こうしたスピリチュアルな悩みのもたらす苦痛がスピリチュアルペインであり、スピリチュアルペインに対して提供されるべき援助をスピリチュアルケアと呼ぶ。アメリカやドイツでは、必要なスピリチュアルケアを受ける患者の権利が、現実の達成度はさておき理念としては認められつつあるという。

後述するようにがんによる死亡が増加し、しかもがんの告知が一般化した今日、がん患者の緩和ケアという状況を考えただけでも、スピリチュアルケアの潜在的な需要はきわめて大きなものであろう。そして、スピリチュアルペインやスピリチュアルケアは、実際にはホスピスケアだけの課題ではない。病や人生の意味を深く問うことは、ある程度重い病気やけが、長期の対応を要する健康上の問題などに伴って、誰の心にも起きてくることである。自身や家族の闘病体験が人生の転機になった逸話は、世の中にも身の回りにも数多い。

そのように考えるなら、スピリチュアルペインは事実上あらゆる病の場に心身の痛みとあいまって現れるものであり、医師をはじめとする医療関係者は常にスピリチュアルケアにとりくむ用意がなければならない。善意と見識にもとづいてそれを実行している医療者は市井に存在するとしても、医療制度や医学教育の表舞台にそうした影がきわめて薄いのがわが国の現状であろう。

至るところでエビデンスが求められる今日の医療において、病気の治療や健康増進にスピリチュアリティの果たす役割を客観的に示すことの難しさが、理解の妨げになっているのかもしれない。しかし、数字で示すことがいかに難しくとも、スピリチュアルな側面への注力が長い目で見て国民の健康増進に大きく資することを筆者は疑わない。その端的な例を本稿の末尾で紹介する。

2.「死生観」小史

(1)「死生観」の動揺と封印

ここで視座を移し、スピリチュアリティに関連の深い「死生観」という言葉に注目してみたい。これについて印象深い記憶が筆者にある。

メンタルヘルスを支える要因としての「死生観」にはじめて着目したのは、2010 年前後のことだった。まずは例によって手許の国語辞典で語義を確認しようとしたところ、驚いたことに「死生観」という見出し語が載っていないのである。卓上版国語辞典の代表格とされる二種類の、いずれも当時における最新版だった。

そこで今度は図書館に出かけ、さらに詳しい国語辞典にあたったところ、「死生観」の語は収載されていたが、今度はその用例に驚いた（小学館 2006『精選版 日本国語大辞典』第 2 巻、305 頁)。

> 死生観：生きることと死ぬことについて、判断や行為の指針となるべき考え方。生と死に対する見方。
> 「死生一如の境地は我が日本武士の死生観であります」
> 『不二』(1942)〈日笠有二〉

語義はともかくこの用例は、若い人々には理解困難ではあるまいか。しかしその意味と文脈は出典を調べるまでもなく明白である。1942 年（昭和 17 年) という年代と文言から考えて、この言葉が戦地へ赴く若者たちを鼓舞激励するために発せられたものであることは間違いない。「死生一如」とは「死ぬも生きるも違いはない」ということで、要するに「国のために死にに行け」というのである。「勝ちて帰れ」（歌劇『アイーダ』）といった生還への祈りはそこになく、ひたすら「死」が突出する点において時代の空気を活写する好例であろうし、だからこそ辞書の編者が採録したのであろう。

問題は、敗戦から60年以上を経て発行された浩瀚な国語辞典に、これが唯一の用例として載っていることである。他の国語辞典類がそもそも「死生観」という見出し語を採用していないことを考えあわせれば、「死生観」という言葉がわが国の社会でどのような扱いを受けていたかが自ずと浮かんでくるだろう。それは長らく死語であり、使われない言葉だったのである。[1)]

すなわち1945年からほぼ半世紀にわたり、日本人の言語生活の中で「死生観」という言葉の使用は事実上タブー（禁忌）であり、「死生観」の占めるべき位置は空白のままに置かれていた。戦争の時代に国家のイデオロギーにもとづく偏った死生観が人々に押しつけられ、おびただしい命を失わせるもとになった、その忌まわしさへの反動として「死生観」と言う言葉は生活者の語彙の中で封印され、公の言説からも姿を消した。使われない言葉であるから、標準的な辞書の編集者はこの言葉を採録しなかった。大型の辞書が敢えてこれをとりあげようとすれば、戦争中の用例に戻る他はなかった。

要するに、そういうことである。[2)]

前述の国語辞典の語義に戻るなら、「死生観」とは「生きることと死ぬことについて、判断や行為の指針となるべき考え方」、ないしは「生と死に対する見方」である。前者は語義の規範的な側面であり、そのような意味での「死生観」が出征兵士らの背中をひた押しに押したのであるが、押されていく兵士らの胸中にはまた別の「生と死に対する見方」があったに相違ない。それこそが広義の「死生観」として本来われわれが注目したいものであったはずだ。

こうした意味での本来の死生観について、わが国の文化史はきわめて豊かな蓄えを長年にわたって積んできた。残念であり痛ましくもあるのは、幕末から明治にかけての開国と政治体制の激変にともなって、それ以前に日本人の築いていた定常状態が社会のあらゆる面で一挙に破られ、それにともなって日本人の死生観がいささか大きすぎる挑戦にさらされたことである。

欧米からは先進の科学技術とともに、キリスト教諸宗派の信仰やさまざまな社会理論、近代の科学的世界観から無神論的な思想まで、数世紀あるいはそれ以上にわたる歴史的発展の成果が一挙に並列的に流入してきた。そこに引き起こされた大きな混乱の中で、自前の死生観を編み出し維持する作業はもっぱら各個人に委ねられていた。近代日本の文学者や思想家の作品の多くは、こうした作業に関する活動報告として読むことが可能である。[3)]

これら傑出した諸個人の精力的な活動が見いだされる一方、社会のレベルでは「死生観」に一種の真空状態が生じたことが否めない。その空白が、その後の国策とりわけ戦争に向けての圧力によって埋められていったことが、日本の近現代史における大きな不幸となった。

(2) 戦争をめぐる「死生観」の迷走

そもそも「死生観」という言葉が日本の社会で広く用いられるようになったのは、明治から昭和にかけて活躍した加藤咄堂（1870–1949）の講演や著述が機縁とされる。加藤は仏教学者と紹介されることが多いが僧籍はもたず、むしろ日本国民の教化の方便として仏教を用いる姿勢が目立っていた。加藤はとりわけ日露戦争（1904–5 年）前後の時期に盛んに「日本人の死生観」をとりあげ、来世を頼んで死の恐怖を克服するといった打算によらず、ただ従容として死を受け入れるのが日本の武士道の面目であることを説いた。約 40 年後に日笠有二の記した「死生観」は、その直系の後裔と見ることができる。[4)]

このように、近代日本における「死生観」という言葉は、その誕生から一貫して戦場における死を想定し、その準備のために動員されてきた。それは日露戦争期の加藤咄堂においては一雄弁家の獅子吼に止まっていたが、昭和初期の国民総動員体制の中では国民の内心の自由を奪い、すべての若者に進んで死地へ赴くことを強いる国家的圧力にまで成りあがっていた。戦争を体験した世代はもとより、戦時体制のアンチテーゼである戦後民主主義／高度成長の申し子たる団塊の世代の人々が、この言葉に対してほとんど生理的な嫌悪感をもったことは理解に難くない。

冷静に考えるなら、敗戦によって国家の抑圧から解放された戦後の時代に、人々はあらためて押しつけではない自前の死生観の構築に自由に取り組むことができたはずだし、そうすべきであった。しかし現実には、戦争がもたらした巨大な悲劇と喪失への反動として、日本の社会では「死」というシンボルへの強い否認が生じ、これを連想させる情報や表象は幅広く忌避されたのである。

「躁的防衛」という現象が心理学で知られている。死別などの深刻な喪失体験に際し、人が躁状態に陥ることで抑うつや悲嘆を回避するというもので、いかにも逆説的であるが臨床の場ではけっして珍しいものではない。働く人々が「戦士」のアナロジーで語られ、国を挙げて前進と拡張に邁進した高度成長期は、振り返ってみれば日本の社会全体が躁的防衛の熱狂状態に陥っていたものとも言える。それは軍事において失ったものを経済において取り戻す代償的プロセスであり、結果として確かに経済はめざましく発展したが、自前の死生観の再構築という明治初年以来の重要なテーマは人々の意識の表面から消し去られることになったのである。

国家による死生観の押しつけと、その反動による「死」そのものの否認は、日本人が自前の死生観を確認し再構築するプロセスを半世紀以上にわたって著しく阻害したのだった。

(3)「死」への再認識に至る歩み

高度成長期が日本人集団にとっての躁的防衛の時期であったとすれば、低成長期は躁状態が去った後の鎮静の時代といえるだろう。経済的には振るわないとしても、内外を見回して現実認知を回復するには好適な環境であったともいえる[5)]。高度成長期における死と死生観の否認から、1980 年代の移行期を経て 1990 年代以降の新たな動きまで、経済の動向と死生観をめぐる人々の基本姿勢とは総じてよく連動しているように思われる[6)]。

イエズス会司祭であるアルフォンス・デーケン師が「生と死を考える会」を発足させ、「死への準備教育」を提唱する活動を始めたのは 1982 年である。当時はまだ日本人の側にこれを受け取る素地が不十分であり、師の忍耐強い活動が実を結ぶまでには時間が必要であった。

同じ時期の 1981 年には聖隷三方原病院にホスピス棟が開設された。淀川キリスト教病院では 1973 年からホスピス診療が実施されていたが、1984 年の病棟改築とともに本格的な活動が開始される。これらもまた当時の医療事情の中では先駆的な少数事例であり、貴重な先駆けであった。

1990 年に「脳死臨調」が設置されたことも特筆に値する。「臨時脳死及び臓器移植調査会」(通称「脳死臨調」)は総理大臣の諮問機関として設置され、「脳死を人の死とすることは社会的・法的に妥当」との見解を世に示した。正式名称から察せられるとおり、この諮問機関は当時海外で始まっていた臓器移植をわが国で推進するにあたり、臓器移植の前提となる脳死について検討する目的で設置されたものである。結果的に脳死を妥当とする答申が為され、この間の経過が逐一報道されたことは、日本人に死の問題を考えさせる大きなきっかけとなった[7)]。

こうした経緯の後に日本人の死に対する姿勢を否応なく変わらせたのが、「がん告知」の問題である。かつて日本の医療現場ではがんなどの重篤な疾患によって余命が限られた患者に対し、真実を伝えないことが原則とされていた。主治医は本人には情報を伏せて家族のみに説明を行い、本人に伝えるかどうかは家族に委ねていたのである。家族の多くは本人に伝えないことを選んだため、患者自身はうすうす自分の余命を察しながら、最後まで真実を知らされずに終わることが多かった。自己決定権とインフォームドコンセントが医療倫理の基本とされる今日では考えられないことであるが、これまた「死の否認」の一つの形であったともいえる[8)]。

こうした風景は、ちょうど世紀が改まる前後にわずか数年で一変した。そのきっかけはがんを告知しなかったことについて医師が裁判で訴えられ、立て続けに敗訴したことである。司法の側にも判断の変遷があり、1995 年の最高裁判決が「(がんを本人に告知するかどうかは) 医師の裁量の範囲内」としたのに対して、2002 年の最高裁判決は「医師は告知を検討する義務がある」とした。「検討する義務」という表現にいくぶんの含みをもたせたものの、事実上は患者の「知る権利」が優先すべきであることを明言した点で画期的なものであった。

これをきっかけに医療の場では「死に至る病」を本人に告知することが日常的な風景となった。とりわけ、国民の 2 人に 1 人ががんにかかり、3 人に 1 人ががんで死ぬと言われる現状の中で、がんの告知が原則とされたことは日本人の死生に対する構えの変更を迫る大きな要因となった。

がん告知と並ぶもうひとつの大きな要因は、高齢化の進展と寿命の延伸である。65 歳以上の人口が全人口に占める割合（%）を高齢化率とし、高齢化率が 7% を超えると「高齢化社会」、14％を超えると「高齢社会」、21% を超えると「超高齢社会」と呼ぶ。わが国は 1970 年に高齢化社会に到達した後、1994 年に高齢社会、2007 年に超高齢社会となった。これに伴って

2021 年における日本人の平均寿命は男性 81.47 歳、女性 85.57 歳にまで延伸し、世界でも最長寿の水準を保っている。

こうした寿命の延伸は、とりもなおさず人の一生の中で老年期の占める割合が増し、職場や家庭での社会的な役割を終えた後、人生の終りを見据えながら過ごす時間が増したことを意味する。生と死について考え巡らす機会は、日々の生活の中で自ずと増えてきたであろう。その生活風景も、大家族の中で子や孫に囲まれて過ごす昔のそれはきわめて稀になり、核家族化を経て単身世帯の急増に至る変化の中で、人はそれぞれの人生を個別に終えていくことを余儀なくされている。

このように病・老・死をめぐるわが国の生活環境は、世紀の変わり目にあたって急激な変化を遂げた。墓の扱いや葬儀のあり方も変わりつつあり、2020 年以来の新型コロナ禍はこれに拍車をかけている。こうした変化が連動して人々に自分の「死」を直視することを促す中、それぞれの身丈に合った死生観を養うことは、すべての生活者の喫緊の課題となっている。

3. 死生観とメンタルヘルス

(1) デスカフェという運動

本稿では先にスピリチュアルという次元に触れ、スピリチュアルペインとスピリチュアルケアが緩和ケアだけでなく、あらゆる闘病にともなって存在することを指摘した。さらに視野を広げて見渡すなら、スピリチュアルな痛みとケアは医療現場に限定されるものではないことがわかる。人生の重要な節目、とりわけ大切な存在との死別という体験において、誰しもスピリチュアルペインに直面することが避けられない。こうした体験を経ていく中で、第一節に述べたスピリチュアルな問題と、第二節に述べた死生観の問題とが、自ずと収斂してくることになる。

スピリチュアリティの問題と死生観の問題とを便宜上分けて論じてきたが、そもそも生死の意味を問う作業はすぐれてスピリチュアルな性質のものであり、逆にスピリチュアリティについて思いを致すなら自ずと死生の問題に踏み込まざるを得ない。そうした相互移入の様相を、近年注目されている「デスカフェ」の活動を通して見てみることにしよう。

デスカフェ(death café) は、1999年にスイスの社会学者であるクレタ (B.

Crettaz）が創始した。妻が病死したとき、その悲しみを語りたいと願っても周囲に聞いてもらえないという経験をクレタはもった。死を否認し、死に関するあからさまな言挙げを忌避する心の壁は、けっして日本人だけの問題ではなかったのである。

この経験を踏まえ、カフェで茶飲み話をするような気軽さで死について語り合う場を設けようとの発想から、デスカフェの活動が開始された。

ついでこの活動に大きな発展をもたらしたのは、イギリス人アンダーウッド（J. Underwood）であった。彼は自身が白血病の宣告を受けたことをきっかけに、2011年にデスカフェのインターネットサイトを開設した(http://deathcafe.com/)。その基本姿勢は「特定の結論を目ざすのではなく、死をタブー視せず死について話すこと」である。彼は次のように述べている。

> "… talking about death, for me at least, is the ultimate prioritization exercise."

この基本姿勢は、アルコール依存症の断酒会をはじめとする精神障害の当事者活動を連想させる。断酒会のミーティングにおいては「語りっぱなし」が鉄則とされ、批判がましい発言はもとより助言や励ましも行われず、特定の心理療法にもとづいた指導などはさらにない。それにもかかわらず断酒会活動が有効であることはまぎれもない事実であり、今日では同様の手法が薬物依存症や摂食障害などの疾患や、浦河べてるの家の当事者活動などにひろく普及しつつある[9)]。デスカフェもまた同種の心理力動によって支えられているのであろう。

アンダーウッド自身は2017年に病没したが、彼が促進したデスカフェ活動は世界に広まりつつあり、わが国でも各地で実践が行われている。

(2) デスカフェのミーティングから

筆者は2018年8月に、東京都内の仏寺において開催されるデスカフェに参加する機会を得た。この日のリーダーは少壮の男性で、浄土真宗の僧侶である。近しい人との死別を体験したという中年の女性から、「死について語り合う」というデスカフェのコンセプトに興味をもったという若い男性まで、年齢も背景も様々な男女20名余りがその場に参加した。
　短いスピーチに続いてリーダーから与えられたテーマは、次のようなものであった。

　「五歳の子どもから『人間は死んだらどうなるの？』と聞かれたら、あなたは何と答えますか？」

　この投げかけに続いて参加者は４～５名のグループに分かれ、時間をかけて自由に話し合った後、その結果について全員で共有するのである。リーダーの巧みな誘導もあり、広々とした寺院の開放的な環境にも助けられて、「カフェ感覚で気負うことなく生死の問題について話し合う」というデスカフェの目的は遺憾なく達せられていた。
　筆者がまず印象づけられたのは、「五歳の子どもに問われたら？」という投げかけの着眼の良さである。「死生観」という言葉の前述のような歴史もあり、死生をめぐる悩みや問は大人のものとする予断が世間に存在する。死生の問題の再浮上にあたり、がんをはじめとする成人病（生活習慣病）の告知や、高齢化を背景とする老年期の延伸など、人生後半の状況が中心テーマになったことも、こうしたバイアスを増強したであろう。
　しかし実際には子どももおとなと同じく、あるいはおとな以上に死生の問題に関する鋭い感受性を備えている。とりわけ幼児の発達段階の中で、５～６歳頃にはことのほか「死」に対して敏感になる時期があるように思われる。知的な発達につれて抽象的な「死」について理解しはじめるとともに、祖父母など親しみを感じていたおとなの死や、愛育する動物の死に直面する体験が加わって、自分を含めすべての人間が必ず死を迎えるという認識が、この時期の幼児をしばしば深い恐怖と不安に陥れる。
　そのような場面で親をはじめとするおとなたちが子どもの疑問と恐れをしっかり受けとめるなら、子どもはその後の人生において死生の問題にとりくむための最初の足場を心のうちに築くことになる。これに対して、そうした子どもの問いかけをおとなが無視したり、「子どもはそんなことを考えなくてよい」などと真に受けなかったりするならば、子どもの心の中には「死」に対する否認への動機づけが生じてくるであろう。
　閉会後に尋ねたところ、この日のデスカフェのリーダーは自身が５～６歳児の親であり、この時期の子どもが死生について敏感になっていることを肌で知っているようであった。
先の問いかけに対してグループワークの中ではさまざまな発言が出たが、中で興味深かったのは「亡くなった人（具体的には祖父・祖母）が星になって、空から見まもっていてくれる」といった答えが、別々のグループからくり返して報告されたことである。そうした回答者の多くは、自身の幼い日にそのような答えを与えられたり、幼いものからの答えに実際にそのように答えたりした体験をもっていた。このことからも、子どもの成長過程で死生の問題を適切にとりあつかうことの重要性が窺われるであろう。そして「死者が星になって子孫を見まもっている」という神話的説明は、こうした身近な難問に対する一つの解として、日本の庶民の中に受け継がれてきたものと思われる。
このように幼児との間で交わされる死生に関する問答が、スピリチュアルな性質のものであることは論を待たない。緩和ケアにおけるスピリチュアルケアがスピリチュアルペインに対する治療援助であるのと同じく、幼児が発するこの種の質問へのおとなの対応は子どもの抱くスピリチュアルペインに対する手当として作用する。それはまた、将来必ず再来するスピリチュアルペインに対する抵抗力を養うための教育と予防の営みでもあり、デスカフェという活動もまた同様の意味をもつものといえるだろう。

(3) 二人の患者の明と暗

以上に述べてきたことを踏まえ、スピリチュアルな問題がメンタルヘルスに具体的にどのように関わるかを示すことが次の課題となる。既に紙数も尽きており、ここでは筆者が最近出会った二人の患者について簡単に紹介することで、課題への糸口を示しておきたい。
この二人とは、それぞれ別の日に別の診療機関で出会ったのであるが、いずれも高校一年時に退学し、それ以来働いて生きてきたという事情が偶然にも共通していた。
Aの方は、ある事件がきっかけで不安発作を起こし休職したものの、事情が好転するにつれ症状もおさまってきた。仕事は大好きなので早く復職したいのに、医者がまだ早いと言ってどうしても診断書を書いてくれない。思いあまって助けを求めてきたのである。「仕事が好きなので、早く戻りたい」

と繰返すので、そんなに好きな仕事とは何かと訊くと、「水道掃除」だという。家庭の排水管に圧をかけて掃除する例の仕事であるが、そのどこがそんなに面白いのかと踏み込んで尋ねると、Aは胸を張って答えた。

「水道がきれいになると、お客さんは喜んでくれる、その顔を見るのが嬉しいんです。」

人を喜ばせる楽しみを知って以来、Aの生活は基本的に充実したものであった。Aは生きがいを知っており、生きがいを知ることは死生の基本姿勢が固まっていることに通じる。「あなたの死生観は？」などと聞かれればAは驚くばかりで答えられないかもしれないが、言語化できなくともスピリチュアルの腰は据わっているのである。ストレス状況に曝されれば不安発作を起こしもするが、その回復は早く予後は良好である。

一方のBは、家庭の粗大ゴミを収集する仕事に従事していた。一瞬女性かと思ったほど小柄できゃしゃな体つき、二重まぶたの表情も優しげで、およそ力仕事が向いているとは思われない。実際、向いていないのであろう、数ヶ月前から組んでいる中年の相棒に、朝から晩まで「役立たず」と罵られ続け、すっかりイヤになって死にたくなったというのだった。

死ぬことなどない、診断書を書くので家でしばらく休めばどうかというと、それでは明日から食べていけない、家では休ませてなどもらえないと答える。仔細を聞くにつれ、物心ついて以来、父母から親らしい配慮を与えてもらった記憶のない「家庭」の風景が明らかになった。自分が死んだところで悲しむ者はいないのだし、そもそも生きていてどんな良いことがあるのか皆目わからない、そういった言葉に恨みや憤りを込めることもなく、ただ淡々と口から紡ぎ出すのである。

Bのようなケースを今どきの精神科医は毎日のように経験している。ある同僚は、こうした若者たちを評して「頭上を覆う星空がない」と言った。前述の「死者が星になって子孫を見まもっている」という言説を踏まえての言葉であり、見事に核心を衝いている。スピリチュアリティを養おうにも、その核となるべき原初の配慮を与えられていないのである。「生きがい」どころか、生きていくことの旨みや楽しみの欠片もBには感じられない。Aにとっては克服可能な水準のストレスが、Bにとっては絶望をもたらす決定打となっても不思議はないであろう。

Bのような生い立ちの若者が、physical、mental、social のすべての面にわたって脆弱であることは想像に難くない。しかし何より決定的なのはspiritualな備えを著しく欠いていることである。死生学の実践的展開を志す人々が決して見逃すことのできない、深刻な喫緊の課題がそこにある。それは人々の健康を最も深い根底から支える条件を整備することにつながっている。

スピリチュアリティの貧困が、今日における精神疾患とりわけ「うつ病」の増加や、世界でも最悪の水準を記録し続ける自殺の背景にあることを、いずれあらためて論じてみたい。

注

1）2022年現在、国語辞典の多くは「死生」を見出し語に掲げ、その解説の中で「死生観」に言及している。「死生観」を見出し語に掲げるものは少なく、「死生学」に触れるものは解説の中ですら稀である。

2）これもやはり2010年頃、筆者がある講演会のタイトルとして「死生観」の語を用いたところ、事務担当者が「そんな言葉を使って聴衆が集まるでしょうか？」との懸念を口にしたことがあった。結果的には予想以上の聴衆が会場に集まり、担当者は「私の杞憂でした」と詫びてくれたのだが、筆者の側では逆に悟るところがあった。この担当者は私より約十歳年上であり、いわゆる団塊の世代に属する人であった。「死生観」という言葉が固く封印された時代の空気を、当時の青壮年として強く記憶しており、その当然の反応を率直に伝えてくれたのである。

3）このような活動報告のレビューとして、文献に挙げた『日本人の死生観』（上・下）（岩波新書）はとりわけ貴重である。

4）日本語の「死生観」にあたる言葉が、中国語では「生死観」である（文献中の徐静文（2013）参照）。加藤は、仏教に「生死（観）」という言葉があり、これと区別する意味で「生死」ではなく「死生」とするのだと説いたが、そこに「死」そのものの強調が織り込まれていることは明白であろう。前述の国語大辞典（小学館）の用例で「死生一如」と記されていたことをあわせて想起したい。禅などで説かれるのは「生死（しょうじ）一如」であり、ここにも同型の言い換えが認められる。生の実相を知るための「生死」から、生を断念して戦闘に専心するための「死生」への言い換えである。

5）うつ病を意味する英語のdepressionには「不景気、不況」という意味がある。

6）経済指標に照らして高度成長期とされるのは1955年度から1972年度までであるが、その後も1980年代までは年率4％台の経済成長が続いた。1990年代に入って1％程度の低成長が恒常化している。

7）ただしこの答申については、臓器移植を推進するために不十分な議論にもとづいて結論を急いだとの批判が多く寄せられた。ジャーナリストの立花隆は著書『脳死臨調批判』の中で「もう助からない」は「死」ではないとして、臨調答申の非論理性と非科学性を厳しく指摘している。

8）その時代には、「日本人は欧米人のように個が確立していないので、自分がまもなく死ぬという宣告には耐えられない、だから真実を伏せることこそが、患者に対する配慮なのだ」というもっともらしい託宣がしばしば医師の口から語られていた。そのように語った医師らは、やがて配慮をかなぐり捨てて時流に従うことになる。

9）ただ集まって語り合うだけのミーティングに効果があることを疑問視する向きは、

医師などの間に根強く存在している。しかし断酒会に出席を続けた群とそうでない群との間で、断酒成功率や各種の健康指標に有意な差が見られることは実証研究で確認されており、断酒会活動がアルコール依存症という難病に対する最も有効な治療法であることは間違いない。このことを体験的に知っている当事者や家族を通して、アルコール依存症以外の疾患にもこの手法が拡がってきたのである。

参考文献

加藤周一 他　1977：『日本人の死生観』（上）（下）岩波新書。

加藤咄堂　2006：『死生観：史的諸相と武士道の立場』書肆心水。

徐静文　2013：「日本人と中国人の死生観を読み解く：文化の違いに基づき、実践調査を参考に」『臨床哲学』15/1、35–54。

立花隆　2006（1994）：『脳死臨調批判』中央公論新社。

吉川直人／萩原真由美　2021：『デスカフェ・ガイド：「場」と「人」と「可能性」』クオリティケア。

参考 URL

https://www.nytimes.com/2017/07/11/international-home/jon-underwood-dead-death-café-movement.html（NY タイムズ紙のジョン・アンダーウッド追悼記事）

Mental Health and Spirituality among Japanese People

by ISHIMARU Masahiko

Spiritual well-being is considered to be a crucial part of human health. As stated in the official policy documents of the WHO, and demonstrated by ensuing discussions in the field, it is necessary to focus on the physical, mental, social and spiritual conditions of people in the field of public health. Although spirituality plays an important part in improving mental health, it has been overlooked in Japanese society. This is mainly due to the lack of a proper Japanese word that refers to “spirituality” in daily conversations.

Talking openly about death and dying has also been avoided among Japanese people since the end of World War II, which represented a total defeat of the nation. A tremendous loss of human life as well as memories of social and political disrespect toward human life during the war led Japanese people to avoid the issue of death, regarding it as taboo. The postwar period of high economic growth was comparable to a manic defense of the people, the counteraction to the great psychological loss.

As time passed and changes occurred in the field of medical services, such as directly informing patients about their cancer, and the introduction and spread of hospice care, Japanese people were gradually moved to confront the topics of death and dying. Restoring a spiritual sense to help each individual cope with their mortal destiny is an urgent task for society.

〈論文〉

死者とデジタルに再会する技術

――死者 AI の現在とそれがもたらす諸問題を考える――

佐藤 啓介・市川 岳・有賀 史英

はじめに

従来、死生学が扱ってきた主題の一つが、親しい人との死別にともなう悲嘆やそのケアであったことは、誰も否定しないだろう。ある人が死ぬということは、避けられない必然の出来事であると同時に、決して反復できない一回限りの出来事である。単なる別離ではない死別は、私たちに特別かつ長期的な心理的影響をもたらす。悲嘆の特異性は、そうした死や死別の一回性・個別性に由来するものであろう。

だが、その前提が覆るならどうなるだろう。すなわち、死別後も亡き故人とまた再会できるとするなら、悲嘆のあり方はどうなるだろう。死者との再会という「願望」は、多くの宗教・文化の諸領域で想像的に語られてきた。しかし現在、完全な仕方ではないにせよ、死者との再会という事態が現実化しつつある。その事態をもたらしているのが、昨今急速に進展する、AI を用いた死者の再現技術である（死者 AI、故人 AI、死者のデジタルアバターなどさまざまな名称で呼ばれているが、本稿では「死者 AI」の名称で統一する）。

テキスト・画像・音声・モーションその他、故人に関する膨大なデータをもとに、AI に故人の行動・発言・思考パターンなどを学習させることで、その人の死後も、生前と同様の反応や行動を再現・模倣することができる。そこまで高度な行動でなくとも、テキスト、顔の表情、音声、モーションなどのうち、一つないし数個の要素だけでも反応を示す死者 AI であれば、2022 年時点でも多様な技術が開発され実用化されつつある。

死者 AI の開発は、大別すると、1. マスメディアや先端研究機関が実験的に構築した著名人の死者 AI（日本で最も話題となったのは、2019 年末の NHK 紅白歌合戦で登場した AI 美空ひばりだろう）と、2. より日常的な場面において一般人にもアクセスが可能な、そして商業的サービスとして実用可能な死者 AI の二つの場面において進められている。前者は、先端的な技術としてマスメディア上に登場して高い注目を浴びる一方で、死者 AI に対する期待と当惑（特に倫理的な当惑）という両極端な反応を強く引き起こす。これに対して、後者の死者 AI は、たとえば「動く遺影」技術に代表されるように、現在の私たちが馴染んでいる既存の葬送・追悼文化の延長として提供されるため、緩やかに、そしてそこまで強い反発を招くことなく、希望者が選択するサービスとして徐々に広がりつつあるように思われる。

本稿では、死者 AI の技術を概観したのち、それがどのような問題を引き起こうるのかという一般的な論点を指摘する（第 1 章）。続いて、2022 年現在において、実際にどのような死者 AI やそれに類する技術やサービスが展開されているのかを把握し、その比較を通して死者 AI の技術的特徴を浮き彫りにしていく（第 2 章）。そのうえで、技術的展開の最先端にあるといえる、マスメディアや研究機関が実験的に構築した死者 AI の実例をいくつか取り上げ、それらがどのような意図から、どのような点に留意して開発され、またどのような課題に直面したのかを論じる（第 3 章）。以上を踏まえて、死者 AI が引き起こす当惑の源泉がどこにあるのかを倫理学的な観点から整理し、死者 AI について今後どのような議論を展開していくべきかを明らかにしたい（第 4 章）。

なお、本稿のうち、第 1 章・第 4 章は、死者に関する倫理的問題を近年研究主題とする佐藤が、第 2 章は、「死に関する技術」であるデステック（Death-Tech）を研究している市川が、第 3 章は、マスメディアにおける死者 AI の展開を研究している有賀が、それぞれ主に執筆を担当している。

1. 死者 AI とそれがもたらす諸問題[1)]

「死者と死後に再会できる AI」と表現すると、死者 AI は異様な技術という印象を与えるかもしれないが、AI の技術としてはそこまで特別な特徴があるわけではない。膨大なデータをもとにそのパターンを学習させ、何らかの自動反応・行動をするという点では、AI 一般の技術の延長にある。死者 AI の際立った特徴は、言うまでもなく「かつて実在した死者の言動」をもとにしているという一点にあるだろう。だが、前述のように、故人の遺影やビデオレターなど、死者の過去の姿や言動を再現するメディアはこれまでも存在してきた。死者AIは「再現」という点では、それらのメディアの延長と見ることもできる。ただし、単なる再現ではなく、故人が過去にはおこなっていない（が、その人らしい）言動を「新たに作りだす」可能性がある点に、死者AI固有の特徴があるように筆者らは考えている。そして、その特徴こそが、後述するように死者AIをめぐる当惑の源泉にもなる。

「はじめに」でも若干触れたが、死者AIが再現する死者を「著名人」と「一般人」に分けるなら、前者は多様な問題を引き起こすことが容易に想定される[2)]。たとえば、亡くなった政治家のAIをつくり、政治的な発言をさせる場合を考えれば、いかに問題含みな技術かは理解できよう（だが、それは死者AI固有の問題というよりは、「死者の社会的表象」をめぐるより広い問題でもあり、本稿では深くは追及しない）。これに対し、一般人を再現する死者AIは、死者とまた会いたいと願う私たちの素朴な感情のもと、一定のニーズがあることは想像にかたくない。ただし、塚田らの2020年の調査によれば、日本では「自分がAIとして復活することに許可を与えるか？」という質問に対して6割以上の人が反対を示しており（塚田他 2021, 130ff.）、死者AIに対する反応は単純ではない。また、現時点では、「死者の著作などに関する著作権」や「死者に関係する生者のプライバシー」などを侵害しない限りにおいては、死者AIの作成を禁止する法的根拠はないようである（現在の日本の法律において、死者は権利主体ではない）[3)]。

ところで、今しがた「死者とまた会いたいと願う」感情と表現したが、果たして私たちは、実際に故人の言動を模倣する死者AIに触れたとき、どのような心理的反応を示すのだろうか。特に、死生学領域において主題であった「悲嘆」には、どのような影響が生じるのだろうか。その問いについては、正直なところ現時点ではよく分からないというのが実情である。ひょっとしたら、死者AIは深い悲嘆の緩和や癒しをもたらし、喪のプロセスを適切に促進する一助になるかもしれない。だが、カンが指摘するように、死者AIが、故人の死者としての地位を否定し隠蔽する可能性は否定できず、その結果、「死を否定することを通して、喪の過程を妨げたり引き延ばしたりする」かもしれない（Cann 2018, 313–314）。死者AIが生者の悲嘆の過程に与える影響については、たとえば悲嘆評価尺度などによる今後の研究に期待するほかないだろう[4)]。

また、死者AIをめぐる大きな問題として、「いつの時点でのどのような死者」の言動を再現するのかという問いは避けられない。亡くなる直前の死者だろうか。それとも、それより前の、元気だったり若かったりするときの死者だろうか。はたまた、死後にも年齢を重ねて「成長した」死者だろうか（この「成長する死者AI」の事例は、第3章で詳述する）。もちろん、その再現の設定は、生者がどのような死者に会いたいと願うかによって決定されるのだが、果たして「生者が願う通りの、都合のよい死者」を再現することが倫理的に適切なのか、といった問題が問われることになるだろう。

こうした具体的な問いを考えてみることで、死者AIがどのような問題を生じさせる技術であるかが見えてくる。第4章において詳しく述べるが、私たち日本社会においては、死者の表象の仕方について、「自分たちや社会が記憶している死者を、その記憶の通りに正しく表象すること」と、「死者について生者が操作すること自体を避けること」のいずれがより倫理的であるか、一定の基準が定まっておらず、判断に合意が得られていない状態にある。死者の何を再現するのか、何のために再現するのか、そしてそれは倫理的な行為なのかという根本的な問題が、死者AI技術の開発と利用の先に問われざるをえない。

以下では、死者AIが生じさせるこうした問題をより具体的に浮かび上がらせるために、死者AIやそれに類する技術の展開を辿り、その文脈のなかに死者AIを位置づけていくことにしたい。

2. デステックから見る死者AIの位置づけ

人類は歴史のなかで、生に関する技術を開発し続けてきた。それはつまり、人間の寿命をどれだけ伸ばせるかという医学的な挑戦の歴史である。生に関する技術は、医学の歴史とリンクする一方、「死」そのものに対する技術やその歴史、分類などはまだまだ整理されていない。よって本章では、「死に関する技術」をデステック[5)]と総称し、なかでも、デジタルデータを用いたデステックの展開と類型、そして、その類型のなかにおける死者AIの立ち位置を考察する。

2.1. デステックの展開

前述の通り、生の技術史は医学の歴史とリンクするが、では死の技術史はどうであろうか。技術の概念を歴史的に分析した渋井によると、技術の発展は社会のニーズに応えようとする社会の構成員の働きの結果として表出する(渋井 2017)。裏を返せば、ニーズのない技術は発展しない（もしくは発展しづらい）のである。死についての技術のニーズは、古代から近世にかけての諸文化で見られる処刑の方法の多様さなどから一定のニーズはあれど、大きな発展をすることはなかった。それが注目されるようになったのは、フィリップ・アリエスやジェフリー・ゴーラーら死生学の第一人者が言及しているような近代的な死の変容からである。死がタブー化したという言説の古典的定式者としてあげられる両者は、第一次大戦以降に死の技術の変化が生じたことを言及している（アリエス 1983；ゴーラー 1986)。このような死のタブー化を経て、現代においては「ポストモダンの死」として個人的選択が求められるようになり（Walter 1996)、高まるニーズに呼応するかたちで、死にまつわるさまざまな自己決定の選択肢としてのサービスが急増したのである。死者 AI も、そうした大きな潮流のなかで生じたテクノロジーといえる。

デジタル技術を用いたデステックは、死者 AI の他にもいくつか確認されている。前述のカンは、米国におけるデステックとして、死者 AI の他に、1. 葬儀業界主導のデジタル葬儀を含むデジタル追悼サイト、2. Facebook などに見られる SNS 上の追悼サイト、3. 自助団体による追悼サイトといったウェブサイトを分析し、それぞれの特徴を考察した（Cann 2018)。日本においても、株式会社むじょうが展開している追悼サイト「葬想式」[6] や、株式会社鎌倉新書の「VR お別れ会」[7] などによるサービスの提供が始まっており、さらにこれらのサービスは多様化していくものと思われる。カナダのセキュリティ会社である 1Password は、オンライン遺言作成会社 Trust & Will、Willful と共同でおこなった調査を通して、SNS のアカウントや、遺言・遺書のデジタル管理の必要性に警鐘を鳴らしている（1Password et al. 2021)。また、都市部を中心に問題になっている墓地の土地不足にともなって、ポーランドの会社 Pragmator が作成した「Virtual Grave」[8] や、日本の each tone 合同会社の「víz PRiZMA」など、オンライン上の墓を作成する企業も出てきている[9]。以上のように、デステックは社会のポストモダン化の展開と足並みを揃え、今もなお多様なサービスを生みだしているのである。

2.2. デステックの類型

多様な展開をみせるデステックを分類するとしたら、どのような分類ができるだろうか。本節では3つの先行研究を取り上げ、デステックの分類法を整理してみよう。

一つ目の分類として、サスらはその技術が何のために用いられるのかに着目し、その技術がもつ機能的な特徴を軸に分類をしている（図1）。その結果、サスらは、個人に関するデジタルデータを記憶・保存・継承するためのデジタル資産技術、遺族らのグリーフ（悲嘆）を緩和するための技術、終末期状態にある人のために用いる技術の三つにデステックを分類した。この分類を「機能別分類」とする（Sas et al. 2019)。二つ目の分類として、グロッタらは75個の死に関する技術を調査し、それらを対象者別に四つの分類をおこなった。グロッタらによると、死の技術は死にゆく当人へのサービス、喪の作業中の遺族へのサービス、先祖のことを知らせるサービス、人々の事件や事故への振り返りと対話のサービスの四つに分類することができるという。これを「対象者別分類」とする（図2）（Gulotta et al. 2016)。この対象者別分類は、当人本位と悲嘆者本位という対象者を分類しつつも、私的利用と公的利用というテクノロジーの「場所性」にも広がりをもつことが

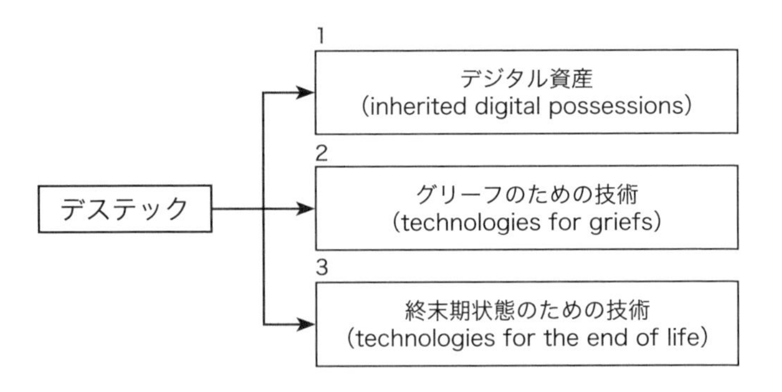

図1　機能別分類（Sas et al. 2019を参考に市川作成）

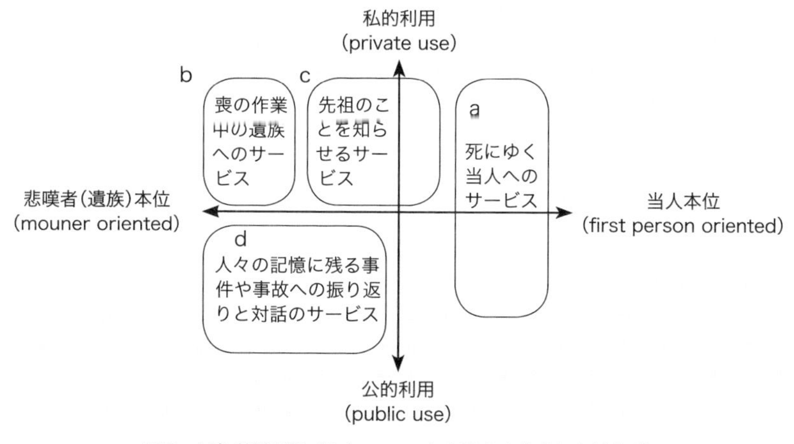

図２　対象者別分類（Gulotta et al. 2016 を参考に市川作成）

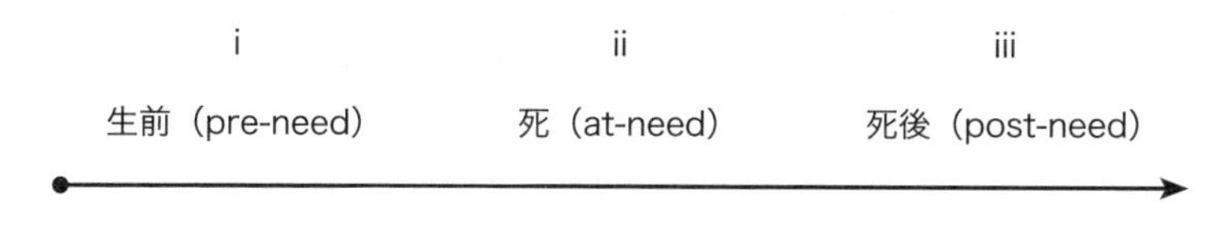

図３　時間別分類（Arnold et al. 2018 を参考に市川作成）

特徴と言える。そして三つ目に、アーノルドらは、死に関するサービスを故人の「生前（pre-need)」、「死（at-need)」、「死後（post-need)」の三つのステージに分けた分類をおこなった（図 3）（Arnold et al. 2018)。この分類を「時間別分類」としよう。

いずれがデステックの正しい分類かという話ではなく、これらの分類を組み合せ、より多様な観点から分析することにより、デステックについて立体的な理解が可能になるだろう。

2.3. デステックのなかでの死者 AI の位置づけ

以上、デステックの展開とその分類を見てきたが、死者 AI を含む代表的なデジタル技術を用いたデステックをこの分類に当てはめ、死者 AI の特徴や、他の技術との共通性を浮かび上がらせてみよう。

死者 AI は、機能別分類のなかでは「デジタル資産」、そして「グリーフのための技術」の機能を有し、対象者は原則「遺族」だが、それ以外の人々を対象とした公的利用の可能性や、直接面識のない先祖と子孫とを結びつける可能性も考えられる。時間別では、死者AIの生成を将来的には生前から準備することが必要になることが予想されるが、現状は故人の死後に効果をもつものである。死者AI以外の主要なデステックの分類は表1にまとめる(なお、本稿はデジタル技術と死が主題であるため、埋葬に関する技術や安楽死に関する技術など、他のデステックは省略する)。

表1 デステック分類表（市川作成）

種類	機能	機能別分類	対象者別分類	時間別分類
死者AI	死者との対話、弔い	1、2	b（、c）d	iii（、i）
デジタル追悼サイト	死者の弔い	2、3	b、d	iii
デジタルデータ管理	SNSなどの管理	1、2、3	a	i、iii
遺言・遺書管理	遺言・遺書管理	1、3	a	i、iii
ヴァーチャル墓地	ネット上での墓地	2	b、c、d	iii
死後一括通知	訃報の一括通知、サブスク停止	1、3	a	ii、iii

このような分類のなかで見えてくる死者AIと他の技術との共通点、そして死者AIの独自性はどのようなものだろうか。

共通点としてはじめに挙げられるのは、デステックの時間的不可逆性である。当然のことであるが、死者AIを含めたデステックはその帰結を死においていることから、サービスのスタートが遅かれ早かれ最終的には「死」という現象へと収斂していくのである。そのことは、すべてのデステックの時間別分類にiiiが含まれていることに端的に示されている。次に、サービスの対象者における隔絶性である。つまり、死にゆく当人へのサービスと、その喪失を体験する悲嘆者へのサービスは異なった性質をもち、そこには両者を横断し得ない大きな隔たりがあるということである。死者AIはその隔たりが決定的であり、少なくとも現状では、故人が生前から自身の死者AIの制作を希望し、生前に本人がそれと対面するようなことは想定されていない。死者AIは、死にゆく当人のためのサービスではないのだ。最後に、サービスの恣意性である。死者AIも他のサービスと同じく、サービス使用者の意志が宿る。死にゆく当人は、残したいデジタル情報と捨てたい情報とを整理し、どのような自分として切り取られたいかを表明する。また、遺された悲嘆者側も、死者の意志を尊重しようとする一方で、生者が死者に伝えてほしいメッセージを恣意的に創り出す可能性がある。つまり、対象者のどちらの側から見ても、恣意性をもったサービスであるといえる。そして、この双方の恣意性は、前述の「隔絶性」ゆえに、一致しないままにその隔たりを広げていく可能性もある。

一方、他のデステックと比較した際、死者 AI の独自な特徴はどこにあるだろうか。

第一の特徴は、死者の変容可能性である。サスらの機能別分類では、死者のデータを保存・継承する技術が第一の技術として挙げられており、実際、他のデステックもそのような機能を有するものが多い。確かに、現状の技術を用いてつくられる死者 AI は生前のデータの集合体として構成され、そのデータを然るべきタイミングで出力をするという構造になっている。単に媒体に情報を入力し、それを出力するという点において、死者 AI は葬儀の会食の席で古いアルバムを広げたり、写真をスライドショーにまとめて流したりすることとあまり大差はなく、デジタル資産の範疇内にとどまっている。だが、技術の進歩により、ディープラーニングをした死者 AI が生前の故人の志向をトレースした自律的アウトプットを通して、かつての死者とは異なる言動をおこなう可能性、つまり、死者のデータをそのまま保存するのではなくそれを変容させ、新たなデータを創出する可能性があるし、実際にすでにその実例が登場しつつある（詳しくは第 3 章で実例とともに論じる）。

第二に、死者 AI の双方向性（interactiveness）の可能性である。第一の変容可能性とも関連するが、単なるデータの再現を超えて、私たちは死者 AI と新たなコミュニケーションを取れるようになる可能性がある。これが本当に死者本人なのか、あるいは新しい別の「ナニカ」であるかは、議論の余地があるだろう。しかし、こうした双方向的コミュニケーションをしうる死者 AI は、デジタル追悼サイトやヴァーチャル墓地などの他のデステックに組み込まれ、新たなサービスを生むかもしれないことは特筆に値する。

第三に、これら二つの特徴と関連して、死者 AI が、対象者別分類でいう「私的利用」と「公的利用」の両方に同時に容易に用いられうることである。特に、そこで再現される死者が著名人の場合には、公的に利用される可能性が高まる（あるいは、公的利用が第一目的となることすらある）。表 1 には、対象者別分類の私的利用（b、c）と公的利用（d）の双方の性格をもつ技術は、他にもある。だが、デジタル追悼サイトやヴァーチャル墓地がどの利用者に対しても（遺族に対しても社会一般に対しても）同じ場として開かれているのに対し、死者 AI は自律的挙動をするため、同じ死者 AI なのに利用者ごとに違った姿を見せていく可能性がある。つまり、私的利用と公的利用とでまったく違うものとして受容されるかもしれないのだ。

これらの特徴を考えるならば、死者 AI は、既存のデステックの分類すらも書き換える可能性を秘めた技術である。「機能別分類」について言えば、死者 AI は明らかにサスらの三分類には収まりきらない。むしろ、「死者とのコミュニケーション」といった第四のカテゴリーを創出することを要求している。また、「対象者分類」についても、死者 AI は、私的利用と公的利用を単純に分けて考えてはならないよう、注意を促す技術である。このような意味で死者 AI は、さまざまな危うさを抱えつつ、デステックの新しい地平を開く技術だと位置づけられるだろう。

以上、デジタルデータを用いたデステックの展開と類型、そしてそのなかでの死者 AI の立ち位置を考察してきた。死者 AI は、他のデステックと同様に時間的不可逆性、隔絶性、恣意性を有している点では共通しているが、死者の変容可能性や双方向性、利用の多様性など、他の技術と同じ範疇には収まらない独自性がある。次章では、こうした死者 AI の特徴が実際にどのような社会的課題をもたらしているのか、実例を挙げながら考察する。

3. テレビメディアに見る死者 AI の実例とその社会的課題

前章で死者 AI の技術的特徴を検討したが、そこでの死者 AI は、主として 1 章でいう「一般人」を対象とした死者 AI を念頭に置いていた（対象者別分類でいう b 中心）。そして、だからこそそれらの一般人の故人を再現する死者 AI は、既存の社会的価値観とも大きな衝突を起こすことなく、ニーズに基づいて発達を見せているのである。

しかし死者 AI がつくられる現場では、事態はそう単純ではない。そのようなニーズは、時に道徳的な規範や人々（近親者、社会的第三者の双方）の感情とぶつかり、摩擦を生じさせることもある。その摩擦が顕著に現れる場面の一つが、テレビメディアが先端技術を活用してリアルな死者 AI を創出するときである。先端技術による死者 AI はその新奇性ゆえに人々を驚かせ、特に「著名人」死者 AI がつくられたとき、その摩擦は社会全体にまで波及する。そこで本章では、メディア主導で死者 AI が開発され、それが放送された事例を三つ取り上げ、その開発の経緯や死者 AI が引き起こした議論などを紹介していきたい。

3.1. テレビメディアにおける死者 AI の実例

第一の実例は、タレントの出川哲郎氏が亡き母の死者 AI と対面し会話する「復活の日〜もしも死んだ人に会えるなら」（2019 年 3 月 28 日、NHK 総合テレビ）という特別番組である。この番組は、放送の 8 年前に亡くなった母親・泰子さんの立体的なモーショングラフィックと出川氏が対話する形式で構成された。タレントの清水ミチ子氏が母親の声役を担当した。つまり、母親のグラフィックを再現する死者 AI に実在する別人が声優になり、実際に出川氏と会話するという、死者 AI と人力の融合となっている（以下、「AI 出川母」と表記）。ただし、その会話にしても、出川氏の家族からエピソードを事前調査し母親の口癖などのキャラクターを把握したうえで、出川氏との会話が進められた。番組のクライマックスでは、生前の母親がテレビ局の楽屋に差し入れしていた「手作りおにぎり」を再現したものが出川氏の目前に出され、それを食べた瞬間に母を思い出し泣き崩れる場面も見られた。

第二の例として、2019 年 9 月 29 日に NHK スペシャルで放送された「AI でよみがえる美空ひばり」が挙げられる。没後 30 年を経て昭和の大スター美空ひばりの死者 AI が新曲を歌うという一大プロジェクトである。美空ひばりの遺族で楽曲などの権利者である加藤和也氏や、生前最後の曲「川の流れのように」を作詞した秋元康氏らが趣旨に賛同して進められたプロジェクトであり、死者 AI の技術としては、生前の膨大な音源と映像から AI が顔や動き、声の法則を分析し、4K・3D ホログラム映像で等身大の美空ひばりがつくられ、新曲「あれから」を歌い上げた。AI 出川母とは異なり、映像も音声もどちらも「新たにつくられた」デジタルな創作である。AI 美空ひばりは同年の紅白歌合戦にも出場した。

いずれも資金力のある NHK の特別番組としての制作であり、死者を AI

としてよみがえらせるために多くのスタッフと多額の制作費が投入され、AI技術としても当時の最先端を行くクリエイターや研究者たちが参加した。

第三の実例は韓国のものである。難病により7歳で亡くなった娘が死者AIとしてよみがえり、その娘に母親が涙ながらに再会するドキュメンタリー番組「I met you」が韓国MBCテレビで放送された（2020年2月6日）。生前の写真や動画、音声をAIが解析し、娘・ナヨンさんの精密な動きがモーションキャプチャーで再現され、母・チソンさんはVRゴーグルをかけて亡き娘と再会し、VR内で娘の髪をなでる仕草を繰り返した[10]（以下、AIナヨンと表記）。番組放送後、MBCには、同じように子を亡くした経験をもつ親から亡き子の再現を要望する声が寄せられたが、他方で、倫理的に疑問をもつ視聴者からの批判も殺到し、番組の感想を綴ったチソンさんのブログも閉鎖に追い込まれた。

3.2. 死者AIはどうつくられたのか

三つの事例に共通するのは、死者AIを作りだすために多くのクリエイター・技術者・専門家が関与しているという点である。一人の故人を再現するために、過去の蓄積データをAIのディープラーニングで自動的に解析するだけなく、多様な仕方で人間の手が入り、人間とAIの共作というかたちになっている。AIの研究家たちは、2022年現在ではAIが自律的に故人を再現できる段階までは至っていないという（松原他 2020）。死者AIはかなり精密に作りこまないと、故人を知る人が「会えた」と感じることができない。また、大量のデータが残っていない故人の死者AIについては、故人に直接由来しない追加情報が必要となり、故人のデータとそれらの追加情報を集約し、違和感なく融合させる作業が必要となる。

テレビで再現された三つの死者AIでも、精密さを求めるために、故人の残っている映像・音声などのデータに加え、キャラクターを創り上げるために関係者への聞き取りや新たにデータを加えるための作業が必要となった。前章で述べたように、現時点では死者AIは故人の「死後」からスタートするサービスにとどまっているからである。

AI出川母は、解像度の低いプリントされた写真数枚と、幸運にも見つかった15秒程度の出川氏と母・泰子さんが唯一共演した際の映像をもとにつくられた。音声データはほぼ残っていなかった。そこで、出川氏の兄や姉による記憶、親類へのヒヤリングに頼り、母・泰子さんのキャラクターをつくりあげた。

AI 美空ひばりでは、歌声の創作にあたっては、ディープラーニングを駆使したヤマハの VOCALOID：AI の技術が使われた。元データとなったのは、レコード会社から提供された約 1500 の楽曲と、息子の加藤和也さんから提供された約 2 時間の朗読の音声である。番組に関わったヤマハの研究者の一人・大道竜之介は「AI には時代や企画の意図を理解することはできないため、われわれが「今回はひばりさんならこの歌をこう歌うだろう」ということをイメージしつつ、「いつの時代のどの曲みたいに歌ってほしい」という形でリクエストを出すのです」「つまり今回のアプトプットも、「AI が作る音楽」ではなく、「AI を使った人間の音楽活動」なのです」とインタビューに答えている（ヤマハ 年不詳)。ここには、制作者側の意図や願いが明確に介在していることがわかる。

「I met you」の AI ナヨンでは、残されていたナヨンさんの音声データはわずか 1 分だった。そこで、生前に撮影された写真や動画から、専門家・技術者たちが AI を使いジェスチャー・声・喋り方を分析した。不足している部分は、160 台のカメラで人間の動きを 360 度撮影できるモーションキャプチャー技術を用い、同じ年齢のモデルの動きを撮影することで補った。同様に、音声も生前の 1 分余りの声データに、5 人の同年代の子どもの声を約 800 センテンス追加録音し、AI でナヨンさんの声として再構築した (「ニューズウィーク日本版」編集部 2020)。

3.3. 死者 AI 制作の目的

死者 AI は家族や友人の「もう一度会いたい」という思いを AI 技術がサポートして実現するものである。美空ひばりのような著名人と出川氏の母のような一般人では AI 制作の意図や手法は違うだろうが、加藤和也氏が母親に会いたいと願う気持ちと出川哲郎氏のそれとは同列であろう。したがって、著名人死者 AI といえど、一般人死者 AI とまったく断絶しているわけではない。むしろ、著名人死者 AI は、故人と遺族・近親者との関係を基盤とする一般人死者 AI としての一面（つまり前章でいう私的利用の軸）に、さらに、故人と社会全体との関係（公的利用の軸）も問われる一面もある、という構造で理解すべきなのだろう（だからこそ、より一層問題は複雑化する)。

ここで重要なのは、死者AIには二つの類型がある、ということである。ここに、前章で見た死者AIの「デジタル資産」としての一面と、「変容可能性」という新しい技術的特性とが関わってくる。一つには、故人が実在した期間で話したりした音声データや写真を元に、その期間でおこなった言動のみを再現する死者AI。もう一つには、蓄積されたデータを元に、新たに人格を生みだす死者AI。暫定的に、前者を「再現型・形見型死者AI」、後者を「創作型・成長型死者AI」と呼ぶことにしよう。前者は、写真・音声・ホームビデオなど既存のメディアによって、故人の姿を記録し、記憶に残そうとする形見の延長線上にあるものであり、これに対して、1章、2章でも述べたように、後者のAIのほうが死者AIに特有の問題を多く生じさせることになる。

AI出川母をつくりあげたクリエイター集団・WHATEVERは、出川氏の「お母さんにもう一度会いたい」という願いをAI制作の起点に置き、家族に納得してもらえるような死者AIにしたいという目的を達成するために、以下の制作方針を立てたと述べている。「故人に「新しい表現」をつくらせるような行為は抵抗感があります。……「ファクトだけをベースに、架空の話は盛り込まない」というルールを決めていました。……出川さんの最近の活動内容など、お母さんが亡くなった後の活動には絶対に触れないように気をつけました」。(塚田他 2021, 126–127) この点で、出川母AIは再現型・形見型死者AIに意図的に徹するものであったといえる。

他方、AI美空ひばりとAIナヨンは創作型・成長型死者AIに該当する。

AI美空ひばりによって新曲を創り出す際、プロデューサー・秋元康氏は、「30年ぶりにステージに立った美空ひばりさんはどんな気持ちなのか」を想像し、楽曲のなかに以下のようなセリフを挿入した。「お久しぶりです。あなたのことをずっと見ていましたよ。頑張りましたね。さぁ私の分まで、まだまだ頑張って」。30年という時間を経て、美空ひばりが言うであろうセリフを込めたのである。そして、ここで呼びかけられている「あなた」とは、息子・加藤和也氏を直接指すのではなく、この曲を聴いている人々全体(ある意味で「美空ひばりを記憶しつつ、令和の今を生きている世代の日本の人々」全体)と理解するのが妥当だろう。だが、本人が実際に語っていない新しいフレーズを死者AIに語らせたことから、制作サイドの恣意的な創作が「死者を軽んじている」として、大きな議論を呼ぶこととなった。創作型・成長型死者AIというあり方が、前述の著名人死者AIの二つの面（私的利用と公的利用の二面性）と結びつくことで、複雑な問題が引き起こされたと言えるだろう。

AIナヨンのケースでは、7歳で亡くなったナヨンさんは8歳の誕生日を迎える設定にした。そして、ナヨンさんが「お母さん、凄く会いたかったよ」と語り、「誕生日ありがとう」というセリフを言う。この世で発していない言葉とシチュエーションが新たに創造され、「新しい表現」が創られている。このように、「死後にも成長する」死者を再現（というよりは再創作）して、実在していない死者像をつくりあげたことが、AIナヨンの最大の特徴である。そして、AIナヨンが議論を呼んだ理由も、一つにはこの特徴に由来する。

このように死者AIは、かつて生きていた死者に会いたいという気持ちを超えて、成長した死者や、残された人々と共に生きる死者を作り出すことすらも可能にする。言うまでもなく、新たな動きを与えられた死者は、より大きな影響を生者たちに与えることになるだろう。

3.4. 2020年以降のメディアにおける死者AIの展開

前述のように、NHKの特別番組として放送されたAI美空ひばりは賛否両論を巻き起こした。一方では、番組制作に全面協力した息子の加藤和也さんは人目もはばからず泣き崩れ、親友の天童よしみさんも号泣した。他方で、放送後にアーティスト・山下達郎さんはラジオ番組で「一言で申し上げると、冒涜です」とコメントして番組を痛烈に批判した[11)]。そうした議論を受け、NHKは「AI美空ひばり　あなたはどう思いますか」（2020年3月20日、NHK総合テレビ）と題された検証番組を制作している。ここでは芸能人とAI研究者らがスタジオで語りあい、韓国MBCの「I met you」のディレクターにも取材がおこなわれた。

本章で紹介した三つの死者AIの制作に関わったクリエイターたちはいずれも、死者をどう扱うべきかに迷いながら、死者との再会を望む生者の目的を考え、死者AIとの付き合い方をそれぞれに提示した。しかし、死者をどう扱うかという視点と、それを生者がどう受け止めるかという視点が必ずしも一致するとは限らず、さらには「それを受け止める生者とはそもそも誰なのか」という問いも発生した（この点で、AI 出川母は、家族のための再現型・形見型死者 AI に徹したことで、そうした不一致や問題を最小限に抑えたといえる）。死者という題材を使い AI をつくるなかで、クリエイターや専門家たちは死者の生前の姿やあり方を想像し、そこに存在していたはずの、あるいは存在するであろうストーリーを創り出す。そのストーリーが新たに創り出されたとき、生者にどんな影響を与えるのか、そのストーリーは誰のためのものなのか。AI 美空ひばりの検証番組も含めて、テレビでの死者 AI の放送を通して、そのような問題が如実に浮かび上がったといえよう。

こうした問題は、2020 年以降ますます切迫度を増している。テレビに比べて映像的なクオリティこそ低いが、YouTube などで死者 AI に意見を語らせる映像がいくつも現れてきている。2020 年アメリカ大統領選挙にて、銃乱射事件で犠牲になった息子を両親が AI で CG により復活させて、銃規制を呼びかける動画を作成し「僕のかわりに投票して欲しい」と訴えた。また、2022 年安倍元首相の国葬の前日（9 月 26 日）に、「東京大学 AI 研究会」を名乗る学生集団が安倍首相の死者 AI をアップロードした。YouTube では「皆様、おはようございます、元内閣総理大臣の安倍晋三です。本日私の国葬が……」と安倍元首相の肉声に似た音声が流れてくる。今後、同様の実例が社会に登場してくることは間違いないだろう。

4. 死者 AI に対する当惑とその理由

第 2 章ではデステックの観点から死者 AI の技術的特徴と可能性を、第 3 章ではテレビにおける死者 AI が直面した留意点や課題を見てきた。そこには、ニーズや新たな可能性、多様な受け手の当惑などの間に揺れながら急速に発展をつづける死者 AI の姿を見ることができる。本章では、死者 AI がどのような動揺のもとに置かれているのか、倫理学的な視点から整理し、私たちが今死者 AI とどのように付き合うべきか考えてみよう。

死者 AI の技術が私たちに何らかの当惑をもたらすとした場合、その当惑は二種類のものがある。第一に、死者 AI にかぎらない AI 一般がもたらす当惑、第二に、実在した死者をモデルにする死者 AI が独自にもたらす当惑である。松尾らが指摘するように、AI が現実的にもたらすリスクとは主に、しばしば論じられる「AI が人間の知能を追い越す」といったものよりも、

AI を用いる「人間」についてのリスクである（悪しき目的による AI の利用など）（松尾他 2016, 637）。死者 AI について言えば、それを公的に利用する際、たとえばフェイク動画の作成などを考えると、まさにこのリスクは切実なものとなるだろう。そうした点を考慮したうえで本論文が注視したいのは、後者の「死者 AI だからこそ生じる当惑」の側である。第 2 章で示したように、死者 AI は、従来の技術ではできない仕方で、死者（らしきもの）の新たな言動を生みだし、死者との双方向的コミュニケーションを可能にする。しかも、第 3 章の AI ナヨンの例で見たように、死者個人に由来しないデータを補うことで、死んだ当時よりも成長した姿すらも生みだすことが可能になる。この、死者の「再現」を超えた技術的可能性こそ、死者 AI が私たちのもつ「死の一回性・不可逆性」という観念を逆なでし、当惑をもたらす要因であるといえよう。

ただし、ここで重要なのは、死の一回性・不可逆性という観念を逆なですることが、驚きや困惑の原因になるとはいえ、ただちに「倫理的に悪い」とは言えない、という点である。私たちは単に、既存の観念を覆されて戸惑っているだけなのかもしれないのだ。困惑を直ちに倫理的な判断と同一視しないよう、慎重になるべきであろう。

もちろん、死者 AI、特に創作型・成長型死者 AI が倫理的に悪い、と感じる声は多い。だが、筆者らの見る限り、その倫理的な悪さの主張を適切に根拠づけて正当化するのは、予想以上に難しい。というのも、従来の倫理学的な議論において、死者をめぐる倫理学的な地位や、死者への配慮をめぐる応用倫理学的議論は、十分になされてきていないからである。死者 AI に対してはさまざまな反発の声を聴くことができるが、それらの批判や主張は、おおよそ三つのタイプに分類できるように思われる[12)]。

1. 死者 AI は、ユーザーに対して心理的な害をおよぼす可能性がある（ユーザー影響説）
2. 死者 AI は、死者の実際の過去をゆがめている。あるいは、私たちが知る死者とは異なる死者像を描き出している（死者の歪曲説）
3. 死者 AI は、死者の尊厳を侵害している。あるいは、生者の都合にあわせて死者を道具化している（死者の侵害説）

一番目の考え方は、死者AIと私たちユーザーとの関係を重視し、そこで生じる（あるいは、将来的に生じうる）心理的影響から死者AIを危惧するタイプの主張である。現時点では、死者AIがユーザーにどのような影響をもたらすのか（私的利用、公的利用の両面で）は、調査もなく未知数である。ただし、この主張は、ユーザーへの悪い影響が生じないよう、慎重にリスクを考慮して死者AIを開発するならば問題はない、といった議論を許容する余地も強いだろう。

二番目の考え方は、死者AIが過去の実在した死者像を変容させてしまうことを批判するものであり（死者AIの変容可能性という特徴に深く関わる）、死者AI全般に対する反発ではなく、創作型・成長型死者AIを強く批判するタイプの主張である。逆に言えば、再現型・形見型死者AIにとどまるのであれば、死者AIを許容しうる議論でもある。もちろん、AIが自律的行動をする以上、その行動は、何らかのかたちでフィクショナルな創作的要素を帯びるだろうし、それゆえに死者AI全般への反発に発展しうる主張であるが、ここで重要なのは、こうした主張が、「過去の死者の姿」を変えないことが死者への倫理の根拠となると考えている点である。ただし、なぜ「ありのままの死者像」を守ることがより倫理的であると言いうるのかは、十分に議論が尽くされているとは言いがたい。

三番目の考え方は、死者本人に（生者に並ぶような）権利や尊厳ないし人格性を認め、死者AIはそれに対する侵害だと考える主張である。このような主張では、死者の不可侵性が重視され、生者が死者を「利用する」ような振る舞いが全般的に批判されることになり、死者AIは、創作型・成長型のみならず再現型・形見型ですら批判の対象となりうるだろう。ただし、しばしば日常的文脈では「死者の尊厳」という表現が普通に用いられているが、現在の法学的議論でも倫理学的議論でも、死者の尊厳や権利を認めようとする学術的主張はまだ十分には定説が確立されていない点には注意が必要だろう。死者の尊厳の根拠をどこに求めるのか、また、何をもってその尊厳が害されたと考えるのかは、まだまだ議論が尽くされていないのが現状であろう。

残念ながら、本論文では、これらの三つのタイプの主張を一つ一つ詳しく検討する紙幅の余裕はない。ましてや、いずれの主張が「倫理学的により妥当であるか」という規範的判断を下すこともできない。そもそも、いずれの主張も十分に根拠づけられた主張とは言いがたく、上記の三つの類型は、「世間では死者AIに対してこういう反発のタイプが見られる」という整理にとどまるものだと理解いただきたい。いずれにせよ、ここで指摘したいのは、死者AIという技術は現在、一方では「死者に会いたい」とするユーザーの感情的なニーズと、他方では上記三つのタイプの倫理的反発とが相克しあうあいだで揺れ動いている、ということである。その相克にこそ、死者AIへの期待と困惑の震源がある。確かに死者に再び会いたいし、コミュニケーションをとりたい。ましてや、ただの動画の再現ではない何か新しい反応をしてほしいと願う。だが、同時に、すでに死んだはずの死者に会うことで心理的に動揺し、また新しい死者の反応に「それは過去の死者とは違う」と反発し、そもそも死者を道具化していることに強い反発を覚える。このような期待と葛藤の混乱のなかにあるのが、死者AIの現在なのである。そのような相克は、第3章で見た実例（特にAI美空ひばりやAIナヨン）において、顕著に見て取ることができるだろう。

それとあわせて本論文が強調したいのは、死者AIに対する反発の理由は決して一枚岩ではない、ということである。そして、その反発の理由が、学問的にも十分基礎づけられたものでないために、反発の声が十分整理されないままとなっている。死者AIがユーザーを害するかもしれないから悪い、死者AIが過去の故人を改変しているから悪い、死者AIが故人の権利や尊厳を侵害しているから悪い——これらは同じ反発でも、互いに異なる理由に拠っているのである。そして、その理由次第では、死者AIは部分的に受け入れられたり、全面的に批判されたり、異なる扱いをされていくであろうと予想される。

今後は、一方では死者AIがどのような心理学的影響をユーザーにもたらすのか、またそもそもユーザーにどのようなニーズがあるのか、という実態調査が求められる一方で、倫理学的・法学的な仕方で、死者をどのように処遇することがより倫理的に適切だといえるのか、慎重な検討が積み重ねられる必要があるだろう。それらの調査や検討の際には、死者AIのみを単独で考えるのではなく、第2章で見たような、現在展開している近接するデステックとの比較考察も不可欠な作業となるだろう（デステックは、個々が単独に進展しているわけではない）。ただし、死者AIの反発が混乱する背後には、「死者に対する倫理」全般に関する合意が、私たちの世俗社会のなかで未形成であるという根本的な事情がある。なぜ、どのように死者を敬うことが倫理的なのかという規範に関する合意は、おそらく容易には形成されえない。その議論を重ねていく間に、死者 AI が技術的・サービス的展開を加速させていく可能性は高い。こうした問題に関心をもつ死生学関係の専門家の増加が強く望まれる。

付記

本論文は、東洋英和女学院大学死生学研究所公開連続講座「死生学の拡がり」での佐藤による講演「死者を倫理的に配慮すべき理由：死者の存在論と死者の関係論」（2022 年 6 月 18 日）をもとに、そこで触れた死者 AI を主題化するかたちで、共著者の協力を得て加筆・修正したものである。また、本論文は JSPS 科研費（17K02233）の助成を受けたものである。

注

1）本章の記述は、既発表の佐藤の論文（佐藤 2022）と一部重複する。

2）著名人の死者 AI のあり方について先駆的に検討した事例として、2016 ～ 17 年に大阪大学と二松学舎大学が共同開発した夏目漱石アンドロイドがある（漱石アンドロイド共同研究プロジェクト 2019）。

3）近年、デジタル技術の発達にともない、法学分野において死者の権利について再考する機運が急速に高まっている。一例として仮屋（2022）を参照。

4）生者が形見を大切にすることが喪の過程にどのような影響を与えるかという心理学的研究は存在しており（白石他 2020）、その延長線上に死者 AI の影響に関する研究も展開できるだろう。

5）日本において「デステック」という名称はまだあまり使用される頻度は高くなく、それゆえ定義も曖昧である。しかし、オーストラリアのメルボルン大学でデステックの専門研究機関としての「DeathTech Research Team」が設立され、アメリカの経済誌 *Forbes* においてもデステックが特集された記事が 2020 年に執筆されるなど、その動向には海外を中心に注目が集まっている。

6）https://www.sososhiki.jp/

7）https://e-stories.jp/hybrid-funeral/

8）https://virtualgrave.eu/

9）ヴァーチャル墓地の動向、とりわけ「víz PRiZMA」に関しては、市川（2023）

を参照。

10）YouTubeで映像が公開されている。https://www.youtube.com/watch?v=uflTK8c4w0c

11）「山下達郎のサンデー・ソングブック」（2020年1月19日、TOKYO FM）。

12）詳細な議論は佐藤（2022）を参照。

参考文献

Arnold, Michael et al. 2018: *Death and Digital Media*, Routledge.

Cann, Candi K. 2018: “Digital Memorials,” in Ch. M. Moreman (ed.), *The Routledge Companion to Death and Dying*, Routledge, 307–316.

Gulotta, Rebecca et al. 2016: “Engaging with Death Online: An Analysis of Systems that Support Legacy-Making, Bereavement, and Remembrance,” in *Proceedings of the 2016 ACM Conference on Designing Interactive Systems* (DIS ‘16), Association for Computing Machinery, 736–748.

Sas, Corina et al. 2019: “Future of Digital Death: Past, Present and Charting Emerging Research Agenda”, *Death Studies* 43(7), 407–413.

Walter, Tony. 1996: “Facing Death without Tradition,” in G. Howarth and P. C. Jupp (eds.), *Contemporary Issues in the Sociology of Death, Dying and Disposal*, Macmillan.

アリエス、フィリップ　1983：『死と歴史：西欧中世から現代へ』伊藤晃／成瀬駒男（訳）、みすず書房（P. Ariès, *Essais sur l'histoire de la mort en Occident du moyen âge à nos jours*, Paris: Éditions du Seuil, 1975）。

市川岳　2023：「事例紹介　ヴァーチャル墓地の動向と展望」『現代死生学 Contemporary Death and Life Studies』1、印刷中。

仮屋篤子　2022：「法主体としての死者を考える」『法学教室』498、24–28。

ゴーラー、ジェフリー　1986：『死と悲しみの社会学』宇都宮輝夫（訳）、ヨルダン社（G. Gorer, *Death, Grief, and Mourning in Contemporary Britain*, London: Cresset Press, 1965）。

佐藤啓介　2022：「死者AIをめぐる倫理のための理論的基盤を考える」『宗教と倫理』22、57–70。

渋井康弘　2017：「技術の概念」『名城論叢』17(3)、75–115。

白岩祐子他　2020：「形見の意味と故人との継続する絆」『社会心理学研究』36(2)、

49–57。
漱石アンドロイド共同研究プロジェクト（編） 2019：『アンドロイド基本原則：誰が漱石を甦らせる権利をもつのか？』日刊工業新聞社。
塚田有那他（編） 2021：『RE-END：死から問うテクノロジーと社会』BNN。
松尾豊他 2016：「人工知能と倫理」『人工知能』31(5)、635–641。
松原仁他 2020：『AI を使って、亡くなった大切な人に会いたいですか？』集英社 e 選書トークス（電子書籍）。

1Password et al. 2021: "The Great Wake-Up Call: How the Pandemic Made Us Rethink Digital Life after Death," https://1passwordstatic.com/files/resources/end-of-life-estate-planning-report-us.pdf（最終確認日 2022/10/24）
「ニューズウィーク日本版」ウェブ編集部 2020：「死んだ娘と VR で再会した母親が賛否呼んだ理由：自閉症の不安を緩和することにも成功」https://toyokeizai.net/articles/-/333116（最終確認日 2022/10/20）
ヤマハ 年不詳：「美空ひばり VOCALOID: AI」https://www.yamaha.com/ja/about/ai/vocaloid_ai/（最終確認日 2022/10/20）

Technology to Meet the Dead Again Digitally:
Considerations on Artificial Intelligence of the Dead and its Problems

by SATO Keisuke, ICHIAKAWA Gaku, and ARUGA Fumihide

Artificial intelligence that represents the dead (dead AI) has developed rapidly in recent years. This technology is unique in that it “creates” new behavior of those who are dead by learning from big data of those who have died. Its uniqueness consists of three characteristics: the possibility that the dead can change, the interactions between the dead and us, and the high transferability of the technology from the public to the private sphere. Recently, in Japan and in other countries, some experimental dead AIs were featured in TV programs and have caused a number of problems. Some of these problems derive from the conflict between emotional needs or expectations for dead AI and ethical resistances to it. These ethical resistances include the following three points: first, this technology could harm us emotionally; secondly, it could change (images of) the past dead; thirdly, it could violate the right or dignity of the dead, though this right or dignity has not been legislated in ethical and academic discourse.

〈論文〉

『鬼滅の刃』から見た現代日本人の死後観

石井　研士

はじめに

本論では『鬼滅の刃』を取り上げて現代日本人の死生観を論じてみたいと思う。人気作品ではあるが、一作品から現代日本人の死生観を論じるのはいささか奇をてらっているように見えるかもしれない。しかし、それなりの根拠があってのことである。

『鬼滅の刃』は人気作品である。これまでにもアニメやマンガでは人気を誇る作品が複数現れている。『ドラゴンボール』『ONE PIECE』『NARUTO -ナルト-』などがそうであるし、映画では『千と千尋の神隠し』『君の名は。』『もののけ姫』『ハウルの動く城』が映画の興行収入の上位を占めている。

（吾峠呼世晴『鬼滅の刃』第１巻［集英社、ジャンプコミックス、2016］表紙 http://www.shueisha.co.jp/books/items/contents.html?isbn=978-4-08-880723-2&mode=1）

2016年に掲載が始まったマンガ『鬼滅の刃』の累積発行部数は１億５千万部といわれ、日本の人口を超えている。劇場版映画となった『「鬼滅の刃」無限列車編』の興行収入は404億円を超え、『千と千尋の神隠し』（316億８千万）を抜いて、日本歴代興行収入第１位を記録した。国内の累計来場者数は2,896万6,806人で、日本人の４人から５人に一人が視聴したことになる[1)]。『鬼滅の刃』はマンガ、アニメ、映画を通じて、明らかに誰でもが知る作品といっていいだろう。

『鬼滅の刃』は大正時代を舞台として、

人を食う鬼と人間との戦いの物語であるが[2]、かなり多くの残酷な場面が描かれている。鬼は人を食べ、食い荒らされバラバラになった遺体が累々と横たわる。戦闘場面では人も鬼も手足が切られ、血が吹き出る。そして鬼殺隊は鬼を殺すために首を切ることになる[3]。

私が関心を持っているのは「殺す」場面の多さや残虐性ではない。殺された「死者」と「死後の世界」が数多く描かれている点である。人や鬼は死んで終わるのではなく、頻繁に現れ生者と関わりを持つ。三途の川も死後の世界も重要なキャラクターが死んだ場面で描かれるのである。

作者の吾峠呼世晴は日本人における「死」の意味や死後の世界を明らかにするために『鬼滅の刃』を描いたわけではない。作品で重要視されるのは、兄妹や親子あるいは夫婦の関係の修復や絆の確認である。少年マンガの王道である激しい戦闘、努力や友情、ギャグも盛り込まれている。描かれた「死後の世界」の表現は曖昧でしかも多様である。場合によっては矛盾するような表現となっている。とくだん意識することがなければ、そのまま進んでしまうようなものである。

しかしながらストーリーの重要な場面でこそ死者は立ち現れるのである。2020年に公開された劇場版の主役は煉獄杏寿郎であるが、煉獄杏寿郎は鬼の猗窩座との戦いに敗れ命を落とす。今際の際の煉獄杏寿郎の前に亡き母親が現れる。母親は杏寿郎に「弱き人を助けることは強く生まれた者の責務です。責任を持って果たさなければならない使命なのです。決して忘れることなきように……私はもう長く生きられません。強く優しい子の母になれて幸せでした。あとは頼みます」と言い残して亡くなっている。戦いを終えた杏寿郎が、現れた母親に「母上、俺はちゃんとやれただろうか、やるべきことを果たすべきことを全うできましたか？」と問いかけると、母親は「立派にできましたよ」と微笑む。杏寿郎は笑顔になって最期を迎える。母親との邂逅のないままに映画が終わったとしたらどうだろうか。

特筆されるべきは、こうした「死者」の登場や、後に述べる死後の世界についてほとんど論評されることがない点である。読者や視聴者はとくに死者や死後の世界を意識せずに見ていると考えられる。とくだん違和感を感じることなく、死者や死後の世界を受容している、あるいは現代日本の（とくに若者の）死後観をそれとなく表現しているとしたら、考察は十分に意味あるものに思われる[4]。

現在、一般大衆の死生観を把握するのはかなり困難である。伝統的な「家」や地域社会が壊れ、価値観の多様化とあいまって、死にまつわる儀式や年忌供養のあり方も大きく変わっている。世論調査やアンケート調査で一律に把握できるような状況とは思えない。

近年の日本人の宗教性、とくに死後の世界や祖先崇拝に関する世論調査の結果を見ていて、予想外の結果に驚かされることがある。詳しくは後述するが、お盆・お彼岸の墓参り、仏壇への参拝、祖先崇拝への関心など、日本人の死後観をめぐる調査項目では、若年層は必ず低い数値しか示されない。日常生活においても、こうした傾向は首肯されるだろう。しかしながら、一部の項目に関して、若年層が高い、もしくは肯定回答を増加させていくものが見られるのである。

NHK 放送文化研究所は、「仏」「神」「お守りやお札の力」などの項目を高齢層、中年層、若年層の三つに分類して比較したときに、「あの世」と「奇跡」では若年層がもっとも高い数値を示していることを指摘している (NHK 放送文化研究所編　2020, 133–134)[5)]。

若年層の「あの世」はどのようなものなのか。「家」や地域社会によって支えられてきた祖先崇拝は希薄化し、仏教（寺院）によって説明されてきた死後の世界も説得力を失っている現在、彼らはどこで「あの世」の存在を知るようになるのだろうか。筆者は、明確な関係性を示すデータの提示は困難であるが、ポップカルチャーに描かれた死後観が影響を与えているのではないかと推測している。『鬼滅の刃』は 10 歳から 15 歳の読者を中心とした『週刊少年ジャンプ』で連載が始まった。マンガの読者や劇場版の視聴者が若年層に限定されるわけではないが、これだけ話題になった作品が若年層に与える影響も無視でき

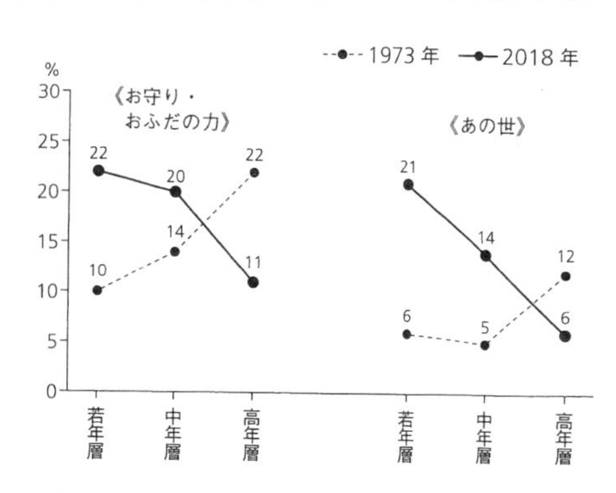

※若年層：16～29 歳、中年層：30～59 歳、
高年層：60 歳以上

図Ⅳ－19　信仰・信心《お守り・おふだの力》《あの世》〈年層別〉

NHK 放送文化研究所編　2020, 134 頁より転載

ないと考える。強く意識されることがなくても、きわめて単純な死後観が浸透しているということはないだろうか。

以下、マンガ『鬼滅の刃』を「死」「死後の世界」「死者」に注目して解釈していきたいと思う。

「鬼滅の刃」とは

ストーリーであるが、マンガの発行元である集英社のホームページには次のようにしるされている。「**時は大正、日本。炭を売る心優しき少年・炭治郎は、ある日鬼に家族を皆殺しにされてしまう。さらに唯一生き残った妹の禰豆子は鬼に変貌してしまった。絶望的な現実に打ちのめされる炭治郎だったが、妹を人間に戻し、家族を殺した鬼を討つため、"鬼狩り"の道へ進む決意をする。人と鬼とが織りなす哀しき兄妹の物語が、今始まる－！**」(https://kimetsu.com/comics/)

『鬼滅の刃』は『週刊少年ジャンプ』(集英社)に2016年11号(2016年6月8日)から2020年24号(2020年12月9日)まで連載された吾峠呼世晴作の全205話のマンガである。単行本は第1巻が2016年6月に、最終刊である23巻が2020年12月に刊行された。アニメは外崎春雄監督、アニプレックス・集英社・ufotable製作で「竈門炭治郎・立志編」(2019年4月6日–9月28日・全26話)、「無限列車編」(2021年10月10日–11月28日・全7話)、「遊郭編」(2021年12月5日–2022年2月13日・全11話)が放送された。劇場版『「鬼滅の刃」無限列車編』が2020年10月に公開され、『千と千尋の神隠し』を抜いて、日本歴代興行収入第1位を記録した[6)]。その他にも「鬼滅ラヂヲ」、ノベライズ、ファンブック、画集、塗り絵、グッズ、フィギュア、企画展示、ゲームソフト、パチンコなど多様なメディアミックスが展開されている。

頻出する「死」と「死者」

冒頭で「死」に関する残虐な場面が多いことを記したが、かなりの数と残虐さである。鬼は人を殺してバラバラにして食べ、すでに死んでいる者を切り刻み踏みしだく。鬼自体も手足を切られ最終的に首を切られる。二体で行動する堕姫と妓夫太郎や、半天狗のように複数体からなる鬼は繰り返し首を切られる。人間も鬼に殺される以外に、毒殺、焼かれて黒焦げになる、首つり、入水、腹切りなど多様である。マンガやアニメを見ているときには、こうした事実は特別記憶に残らないかもしれないが、「死」は物語の底流として存在する。

図表1は「死者」が登場する場面をリストアップしたものである。「死者」が「生者」の前に現れる場合はおおよそ三つのパターンである。「叱咤・激励」「褒める」「和解」である。リストには回想場面や夢での登場は含めていない。回想と夢の中での登場を加えると、そうとうの回数となる。

図表1

巻数	内　容
1	死んだ母親と兄妹が気絶した炭治郎に話しかけて禰豆子を守るよう話す
1	死んだ錆兎と真菰が修行中の炭治郎を叱咤する
1	死んだ弟が失神した炭治郎を目覚めさせ炭治郎は間一髪で鬼の攻撃をよける
2	死んだ鬼が子どもの姿で兄と手を繋いで歩く
5	母親が失神している禰豆子に兄を助けるよう呼びかける
5	鬼が死ぬ間際に自分が殺した両親に謝罪し和解する
7	厭夢の見せる夢の中で父親が夢から抜け出すための示唆を炭治郎に与える
8	煉獄杏寿郎が今際の際に母親が現れ、母親は杏寿郎を褒める
10	妹が炭治郎に呼吸をするよう呼びかける
10	失神した炭治郎に弟が禰豆子を助けるよう呼びかける
10	鬼になって理性を失った禰豆子に母親が子守歌を歌う
11	失神した炭治郎に鬼の姿ではない禰豆子が鼓舞する
11	消滅する直前に堕姫と妓夫太郎が和解して地獄に向かう
14	時透無一郎が闘いで深手を負った時に死んだ家族が褒める
16	胡蝶しのぶが負傷して立てなくなったときに姉のかなえが鼓舞する
17	失神した我妻善逸に育手の桑島慈悟郎が三途の川の向こうから褒める
18	戦い続けようとする猗窩座を死んだ嫁と師匠、父親が現れて止める
19	鬼の童磨の死に際に胡蝶しのぶが引導を渡しに現れる
19	遺品を抱える栗花落カナヲを胡蝶かなえ・しのぶ姉妹が褒める
19	胡蝶姉妹が両親と再会する様子を栗花落カナヲが見る
20	黒死牟の死に際に弟の継国縁壱が悼む
21	時透無一郎は死んで兄の有一郎と和解する
21	死んだ不死川玄弥が両親、兄妹と再会する

21	死んだ父親が炭治郎を助けようと禰豆子を起こす
21	死んだ父親が禰豆子に方向を示す
22	鬼舞辻無惨が細胞から珠世を再生する
22	珠世が引導を渡しに鬼舞辻無惨に現れる
23	悲鳴嶼行冥は今際の際に死んだ子どもたちと和解する
23	不死川玄弥が死の瀬戸際で両親に会い現世に追い返される
23	死んだ隊士たちが炭治郎を持ち上げる
23	家に帰った炭治郎と禰豆子を死んだ家族全員が迎える

〈叱咤・激励〉

死者はここぞというタイミングで生者を叱咤・激励して敵との戦いに向かわせる。鬼殺隊の隊士になるための厳しい修行に励む炭治郎の前に、錆兎（さびと）と真菰（まこも）が現れる。錆兎は炭治郎より少し年上の少年で真菰は同年代の少女である。錆兎は刀で手合わせをし、炭治郎が大岩を切るための修行を助ける。真菰は炭治郎に闘うための呼吸や体の使い方を教える。二人は炭治郎の育手のかつての教え子で、隊士になるための最終選別で鬼に喰われてすでに死んでいる（1巻）。

錆兎と真菰の登場は炭治郎の心象ではない。炭治郎は二人を知っておらず、二人の他にも多くの子どもが現れる。炭治郎のいないところで、二人が炭治郎の最終選抜通過を案じている様子が描かれている。

炭治郎は鬼殺隊に入隊するための最終選別を受けるが、鬼のいる藤襲山（ふじかさねやま）で七日間生き抜くことを求められる。炭治郎は鬼に叩きつけられ気を失う。そのとき弟が現れて炭治郎に「兄ちゃん!!」と呼びかける。背景は「黒」である。次のコマで炭治郎は目を開け、鬼の攻撃をギリギリかわして反撃に転じている（1巻）。

蜘蛛の糸に宙づりにされて意識を失った禰豆子の前に母親が現れる。母親は涙ながらに「禰豆子、お兄ちゃんまで死んでしまうわよ」と話しかける。禰豆子は目を見開き、爆血という技で窮地の炭治郎を助ける（5巻）。こうした場面は他でも見られる（1巻、10巻、11巻、21巻）。

鬼の童磨（どうま）に肺を斬られ、出血で息もできない胡蝶（こちょう）しのぶの前に、姉のかなえが現れる。胡蝶かなえはすでに童磨に敗れて死んでいる。しのぶは姉の敵討ちをするために戦っている。「息もできないの」と言うしのぶにかなえは「**関係ありません。立ちなさい。倒すと決めたら倒しなさい。勝つと決め**

たのなら勝ちなさい。どんな犠牲を払っても勝つ。私ともカナヲとも約束したでしょう。しのぶならちゃんとやれる。頑張って」と鼓舞し肩に手をかける。しのぶは立ち上がり敵に一撃を加える（16巻）。

こうした描写を日本人の宗教性の特徴として指摘することは容易である。日本人の死者と生者の近さはしばしば一神教と対比されて指摘されてきた。柳田国男は、死者ははるかかなたへいってしまうわけではなく、郷里に近い山の中腹にとどまっていると指摘している。先に引用した錆兎と真菰は狭霧山(さぎりやま)に他の子どもたちととどまっている。極楽や黄泉の世界に行く様子は描かれていない。子どもたちが狭霧山にいるのは大好きな育手の鱗滝左近次(うろこだきさこんじ)がいるからである。

〈褒める・肯定〉

二つ目のパターンの「褒める」も同様に死者と生者の近さを表象するものである。

本論の冒頭で引用した煉獄杏寿郎の前に現れた母親とのやりとりは、杏寿郎が汽車の乗客を誰一人死なせず、母親の言いつけを守ったことを「褒める」ものである。杏寿郎の生き様は母親によって「立派にできましたよ」と肯定される[7]。

時透無一郎は鬼との闘いで深手を負った際に、両親、双子の兄が現れて「頑張ったなあ」とねぎらわれる（14巻）。意識を失ったなかで、我妻善逸は鬼になった兄弟子と和解できなかったことを育手の桑島慈悟郎に泣きながら謝罪する。慈悟郎は三途の川と思われる対岸から「お前は儂の誇りじゃ」と涙ながらに語る（17巻）。姉二人を殺した鬼の童磨をようやくの思いで倒したカナヲは胡蝶かなえ・しのぶ姉妹の遺品を胸にうずくまる。かなえとしのぶの二人が現れてカナヲの頭をなでる。次のコマで二人は隊士服ではなく着物姿になって手を繋ぎ、両親と再会する場面が続く。そしてカナヲは涙する（19巻）。

これらは死者による生者の肯定ともいうべきもので、生者の行いは首肯され褒められるべきものであることを読者に訴える。もし煉獄杏寿郎が猗窩座との激闘の末にそのまま死亡したとしたらどうだろうか。母親が現れて褒めたことで、杏寿郎は死後母親とともにあの世で満足していると予想されるのである。胡蝶姉妹の描写は、この世では叶わなかった家族の幸せと死後の世界での再会を暗示している。

第三のパターンは「和解」で、本書の特徴ともなっているものである。やむなく死別した者、対立や誤解したまま死に別れた者と、死を迎える（死んだ）後に対話（謝罪）し、和解が行われる。苦しい胸の内をさらけ出して謝罪が行われ、兄妹や家族が笑顔でひとつになる場面は読者に安堵と満足感を与えるのではないか。

杏寿郎を倒した猗窩座は、暗い過去を背負って鬼になった。病身の父親の薬代をまかなうために盗みを繰り返したが、父親は見かねて首をつる。喧嘩三昧の彼を引き取った道場主とその妹は、猗窩座と妹の恋雪（こゆき）との結婚をねたんだ隣の道場主によって、猗窩座の不在中に毒殺された。生涯守ると誓った恋雪を毒殺され、父親を自殺へと追いやった猗窩座は鬼舞辻無惨（きぶつじむざん）からの血を分け与えられて鬼となった。鬼は首を切られることで死ぬが、炭治郎に首を切られてもなお再生しようとする猗窩座を恋雪がやめるよう説得する。猗窩座は父親、師範そして恋雪によって人間としての狛治（はくじ）を取り戻し、泣いて謝罪する（18巻）。

柱の一人、悲鳴嶼行冥（ひめじまぎょうめい）は鬼滅隊に入る前に子どもを集めて世話をしていた。住居にしている寺に鬼が侵入したときに、子どもたちは一人を残して散り散りになって逃げる。逃げなかった子どもは捜査の場で子どもたちを殺したのが悲鳴嶼行冥だととれるような証言をする。悲鳴嶼が無残と闘い今際の際に子どもたちがやってきて散り散りに逃げた理由を明らかにする。悲鳴嶼の誤解と後悔は溶け「そうか、ありがとう。じゃあ行こう、皆で……行こう」と事切れる（23巻）。

時透無一郎は10歳の時に両親を亡くし、その後双子の兄と暮らす。考え方の違いから口も聞かなくなった兄の有一郎は鬼に殺され、本人は記憶を喪失する。不仲なまま死別した無一郎であるが、「上弦の壱」の鬼・黒死牟（こくしぼう）との闘いで死んで後、兄と和解する（21巻）。179話の空き頁には、兄と手をつないで両親の元へ駆けていく無一郎の姿が描かれている。

死者は誰なのか

現れる死者が果たす役割から「叱咤・激励」「褒める」「和解」に分けて具体的な事例を見てきたが、現れる死者と生者との関係を改めて確認したいと思う。

現れる死者には「先祖」がいない。鬼に殺された家族、自分が殺した両親はいても、「先祖」の姿は見えない。柳田国男は空襲警報のさなかにもかかわらず『先祖の話』(1946年、筑摩書房)を書きあげた。それは「急いで明らかにしておかねばならぬ二つの実際問題」があったためである。ひとつは「家」の存続が危うくなっていること、いまひとつは国のために戦って死んだ若者が無縁ぼとけになりかねないことであった。死者は祀られるべきものであって、祀るのは子孫である。それゆえに何よりもまず結婚して子孫を作る必要が生じる。

柳田が問題にしたのは、先祖祭祀の基盤であった「家」と、結婚していない若者の無縁ぼとけ化だった。亡くなった者は「先祖」となるのであって、柳田によれば、死者は家から遠く離れてしまうことはなく、村の小高い山の中腹にとどまるとされた。日本人の死者に対する態度は、「家」を繁栄に導いた偉大な先祖に対する崇拝である。ところが近年「家」の変容によって、偉大な先祖に対する崇拝ではなく、愛情を注いでくれた物故近親者に対する愛情・尊敬・感謝へと移行しているのではないかと指摘されている[8)]。「家」を起こして以来、家産を守り繁栄させてきた累代の先祖ではなく、近親者を中心とした先祖への追慕の念を中心とした祖先観である。しかし、『鬼滅の刃』に現れる死者はそうした先祖とは無関係である。

死者の行動には従来と異なった特徴が見られた。私はその役割を三つに分類したが、死者はきわめて直接的な役割を有し、くっきりとした姿をして現れる。彼らは幽霊のようなぼんやりした出現時間を制約された存在ではなく生前と同じ姿形でいる。叱咤や激励するだけでなく、実際に剣の稽古をつけることもある。彼らは生者の意識や印象の投影以上の存在である。炭治郎は錆兎と真菰から名前を教えてもらうが、育手の鱗滝は炭治郎がなぜ二人の名前を知っているのか驚いている。それでも行動には制約があり、実際に鬼と闘うことはできない。闘うのは鬼滅隊の役割である[9)]。

彼らは明らかに死後も意思を持ち続けている。錆兎と真菰(と他の子どもたち)は育手の鱗滝左近次が好きで狭霧山にとどまっている。他の死者はいずれにせよ闇い世界に一端身を置いて上で、地獄か天国へ行くようである。

死者の意思については死後の世界と関わるので、死後の世界とともに考察を続けようと思う。

死後の世界

鬼達の首魁である鬼舞辻無惨は自らの血を分け与えて鬼を作る。鬼になると人を食う。強い鬼であればあるほど人間を食べている。鬼殺隊によって退治された鬼の中には、先に述べた猗窩座のように、死んで後に自らの罪を謝罪し亡き妻や師匠、父親に温かく迎え入れられる者もいる。それでも多くの人を食っている以上、死後安楽な世界が用意されているというわけにはいかないだろう。他方で現世では無念のうちに死んだ鬼殺隊は死後報われる必要がありそうである。

「鬼滅の刃」で描かれる死後の世界はばらばらで統一感は見られない。作者は死後の世界そのものを描こうとしたわけではなく、死による別離と死後の再会による和解、諍いや対立のない幸せな家族や兄妹の状態を示すことに目的があったと考えられる。目的のために選ばれた描写は都合の良いものであったということになる。

吾妻善逸は修行の兄弟子である獪岳（かいがく）（上弦の六の鬼）と死闘を終え、瀕死の状態になる。傷つき血だらけの善逸が目を開けると、川岸に立っていて対岸には育手の桑島慈悟郎が立っている。マンガのコマの中央には蛇行する三途の川が描かれている[10)]。

善逸の立つ場所は此岸で桑島は彼岸にいる。生者と死者の世界は、彼岸に木があるものの基本的には変わらない。足下には彼岸花のような花が咲いているが、わざわざ善逸の「何だこれ、足に絡まって」というセリフが付されている。おそらく対岸へ渡れず善逸はまだ此岸にとどまることを意味している。善逸が獪岳との和解のならなかったことを謝罪すると、桑島は「お前は儂の誇りじゃ」と話す。そして次のコマで善逸は目を覚ます。子弟の絆の強さが示される場面で、獪岳との和解のならなかったことの承諾である。ちなみに善逸と獪岳は死後も和解する場面は描かれていない。

死者のいる場所は「暗い世界」が多い。作中で一箇所だけ「黄泉の国」と表現されているが（8巻）、他では言及されていない。死後の世界はほとんど具体的には描写されず、「暗い世界」と花などが咲いている「明るい世界」との対比が示される。先に首を切られた猗窩座の再生を恋雪がとどめる場面も、背景は暗い世界である。恋雪は妬んだ隣の道場主によって毒殺されたが、死後の世界のどこかにとどまり、猗窩座を待っていたことになる。台詞からも、猗窩座が何をしてきたかを知っている。生者を待つ死者はあちこちで確認することができる。

作品に初めて登場する十二鬼月のひとりである累は蜘蛛の能力を持った鬼である。子どもの姿をしている。累は家族がほしいために血のつながりのない人間を集め、姿を自分と似せて父親とか母親といった役割を与えて演じることを強いるなど、「家族」への執着の強い鬼である。体が弱かった累に無残は鬼になることを勧めたが、両親は鬼となって人を食う累を殺そうとする。累は両親を殺害する。首を切られた累は消えつつある中で両親がともに罪を背負って死のうとしていたことを理解する。「山ほど人を殺した僕は……地獄に行くよね……父さんと母さんと……同じところへは……行けないよね」とつぶやく累に「父さんと母さんは累と同じ所へ行くよ」と寄り添う。背景には、地獄の業火を表すのであろう光景が描かれる。

栗花落カナヲと嘴平伊之助によって童磨が倒された後、童磨を姉の敵として攻略の策を練った胡蝶しのぶが現れる。背景は黒っぽく何も描かれない。しのぶは「これで私も安心して成仏できます」と述べているので、死んだけれども成仏していない状況を表しているのだと考えられる。不死川実弥の場合も同様である。無残と闘い瀕死の状態にあるときに、先に闘いで死んだ弟の玄弥が兄妹と明るい場所にいる様子を見る。鬼になった母親を捜すが真っ暗な闇の中から「駄目なのよ……みんなと同じ所へは行けんのよ……我が子を手にかけて天国へは……」と答える。母親は鬼になって子どもを殺している（23 巻）。

胡蝶しのぶが「安心して成仏」といい、他方で人を食った鬼は地獄へ行くようであるが、行き先としての「極楽」「地獄」は示唆されるだけで明確に描写されるわけではない。人を食った鬼や人を殺すと地獄、それ以外の人は極楽かもしれないと思わせる程度の内容である。

堕姫と妓夫太郎は同時に頚を斬られて罵り合いをするが、妓夫太郎は人間だった頃の記憶を思い出し暗闇の中で本来の人間の姿に戻った梅（堕姫）と再会し、梅だけを光がある方に向かわせるため突き放す。梅に「ずっと一緒にいる」「何度生まれ変わってもお兄ちゃんの妹になる」と言われ、梅を背負いながら地獄の業火の中へ消えていく。この場合はかなりはっきりと「地獄の業火」と思える炎が描かれる。他の場合はもっと模式的な炎である。

他方で極楽もきわめて曖昧である。不死川実弥は傷ついて生死の際をさまよっているときに、向こう（極楽）にいる弟たちと暗闇にいる母親を見つける。弟たちは花咲く中で笑っている。

胡蝶姉妹が闘いの後、手に手を取って家族の元へ向かうのは花びらが散る極楽であろうか。他方で、時任兄弟が和解して抱き合うのは銀杏の葉が散る世界である。不統一感は否めない。

そもそも上記で描かれた死後の世界では、死者は関わりのある生者が死ぬまで地獄にも極楽にも行かずに待っていることができる。「鬼滅の刃」の死者は、生者の枕元にぼうっと現れるのではなく、生前の形態をしっかりと止め、生者もしくは死者とのコミュニケーションは生前と変わらず明快である。死者は自らの意志で中途半端な状況に留まり、生者に対して助力する。彼らは自らの意志で極楽へ行くか、場合によっては地獄に行くことを選択できるということになる。

本論は作中の矛盾や説明不足をあげつらうことが目的ではない。作者の目的は「死」や「死後の世界」を説明してみせることではなく、たとえ鬼に喰われて死んでも、たとえ生前に和解ができなくても、誤って他者を傷つけ殺しても、最終的には謝罪し和解が成立して家族の絆や兄妹の思いは通じるのだということにあるのだろう。こうしてみてくると、最終巻の最終話に描かれる「現代」はしごく納得がいくのである。

生まれ変わり

鬼舞辻無残にようやくの思いで勝った隊士たちの損害も大きかった。八人の柱の内生き残ったのはわずかに二人。生き残った者も片手を失い、目の機能も衰えた。鬼滅隊を支える産屋敷家の当主、妻、二人の子どもも爆死した。郷里に帰った炭治郎たちは残されたわずかな命（鬼を倒すために顔に痣が表れた者は25歳までに死ぬといわれている）を笑顔で過ごしている。

大正時代を舞台にした物語はここで終わってもよかったのかも知れないが、ストーリーは突如「現代」へと場を移す。15歳の炭彦（炭治郎の子孫）が部屋で寝坊を決め込んでいる。兄のカナタ（カナヲに似ている）が現れて起こそうとする。学校への道すがら、大正時代の鬼狩りで死んでいった仲間が年齢を変え職業を変えて次々と登場する。最後の頁近くに生まれ変わりを示すような両開きの一覧が掲載されている。そして再び大正時代に戻って、断片的な仲間の画像の絵が続き、作者のメッセージがあって物語は閉じている。

永遠の命

本論では死なない鬼と有限の命の人間との闘いというテーマが色濃く見られる。鬼は手足を切られても再生する。首を切られても特殊な刀（日輪刀）でない限りは死なない。他方で人間は怪我をし、手足は切られても元に戻らない。当然死ぬ。鬼舞辻無惨は炭治郎を説得しようとする。「自分のことだけを考えろ。目の前にある無限の命を掴み取れ。」炭治郎は拒絶する。「嫌だ、俺は人間として死ぬんだ。」（23 巻）鬼と戦うために痣を発した者は二十余りで死ぬことがわかっている。炭治郎の拒絶は、杏寿郎によっても発せられている。鬼になって無限に技を極めようと誘う猗窩座に「老いることも死ぬことも人間という儚い生き物の美しさだ」と煉獄杏寿郎は言い放つ（8 巻）。無限に生きる鬼と、有限な生にとどまる人間の対比ととれる内容であるが、他方であまりに都合のいい生まれ変わりは、鬼同様に、我々人々にも永遠に生きることが望まれているようにも感じられる。

繰り返すが、本論は『鬼滅の刃』の死後観が矛盾しているとか、相反しているといったあら探しをしているのではない。長い研究生活の中で、絶えず先祖崇拝に心を砕いてきた森岡清美の考察を踏まえて考察してみたいと思う。森岡は柳田国男のいう「先祖」を崇拝の対象である祖神とみるか、敬愛の対象である物故近親を先祖とみるかを考察した後に、核家族化し高齢化した現在、「供養の機能が慰霊鎮魂から記念追憶へと変化したことは明らか」として、個人化は「物故近親の供養とは結びついても、家の先祖祭祀とはもっとも遠いので、家の先祖祭祀は個人化のなかで危機に瀕しているといってよいのではないでしょうか」と指摘している（森岡　2005, 16）。森岡の指摘から 20 年近くたった現在、世帯の形態は単身世帯がもっとも多く、未婚率は男女平均して 20 パーセントを超えている。森岡のいう物故近親者は血縁で結ばれた者である。しかしながら個人の関心や意見が最優先される社会の中で、「敬愛」されるのは血縁者とは限らない。生前に仲のよかった人、誤解を解くことのできなかった人、愛情によって結ばれた人というように、血縁とは異なる理由によって関係を持った人が、生者の都合によって思い出され、生者の求めるニーズを満たしているのではないか。恋人や師匠、友人、姉のような存在もまた、仲のよかった家族同様に思い出されるべき存在である。

『鬼滅の刃』に表象された死者との関わりは、地縁や血縁による関係性が希薄化しつつある現在、個人が関係を望む、あるいは好ましいと感じられる人とのつながりが表明されていると考えていいのではないか。こうした死者との関係性は、広く若者を中心とした現代人の基調のように思える。

終わりに

本論では『鬼滅の刃』に見られる死者と生者、死後の世界について検討してきたが、これらと密接に関わる表象にも言及しておきたいと思う。作品を丹念に見ていくと、仏教的なバックグラウンドが色濃く見えるのである。埋葬して死者に手を合わせる場面やお墓が描かれている箇所が多い。炭治郎の家族が鬼に襲われて死亡したときに、遺体を埋めて手を合わせる場面がある（1 巻)。育手の鱗滝左近次が鬼に殺された人を埋め、手を合わせている(1 巻)。炭治郎が鬼に殺された人に「戻ってきたら必ず埋葬します」と声をかける（3 巻)。刀鍛治の里が鬼に襲われ、昼間の間に急いで他の隠れ里に移転しなくてはならないときにも死者の埋葬と手を合わせる場面が描かれている（15 巻)。猗窩座は父親が首をつって死んだ後、墓石を抱いて泣く。また、恋雪との結婚が決まったことを報告に父親の墓を訪れている（18 巻)。

鬼滅隊の最高管理者の産屋敷耀哉(うぶやしきかがや)は鬼との闘いで命を落とした隊員の墓を毎日参っている。墓は、おそらく産屋敷が建てたものである。墓には個人の名が記されているものもあるが、「南無阿弥陀仏」と刻まれているものが多い。鬼舞辻無惨を倒した後、炭治郎たちは亡くなった隊士の墓すべてに花を供え、郷里に帰って母親や兄弟の墓にも手を合わせる。善逸は炭治郎の郷里に向かうときに育手の桑島治五郎の遺骨を背負っている。伊之助に「イコツ？　それ食えんのか？」と言わせて注目させている（23 巻)。

仏壇や仏壇に手を合わせる様子も少なくない（17 巻、18 巻、19 巻、21 巻、23 巻)。倒した鬼や亡くなった人に「成仏してください」(3 巻）と手を合わせるが、他のマンガ・アニメではあまり見たことのない丁寧な追悼が行われている。

柱の一人・悲鳴嶼行冥は首と手に数珠を巻いている。寺（お堂のような建物）で身寄りのない子どもたちと暮らしていたが、鬼に襲撃され子どもたちは殺されてしまう。作中でも公式ファンブックにも僧侶とは記されていないが、「南無阿弥陀仏」と書かれた上着を絶えず身につけている。しばしば数珠を手にかけて合掌する。悲鳴嶼はお経を唱えるが、仏説阿弥陀経である。弟子にも修行する隊士たちにも阿弥陀経を唱えさせている。阿弥陀経は般若心経ほど知られているお経ではないが、浄土宗や浄土真宗、天台宗では葬儀や法要で使われる。信者も朝夕のお勤めで唱えることのあるお経である。

寺も思いがけないところで言及される。先に記した悲鳴嶼が居住していたのは寺院というより無人のお堂であるが、始まりの呼吸の剣士・継国縁壱(つぎくによりいち)は双子の弟として生まれたために 10 歳になったら寺へやられて僧侶になることになっていたと説明される（20 巻)。

鬼は藤の花に近づけない。無残を倒すための薬も藤の花から抽出して細工したものである。藤の花は鬼を退治もしくは遠ざけるための重要なアイテムである。浄土真宗本願寺派の僧侶・松﨑智海は、藤の花の家紋と西本願寺の下り藤の紋が似ていることを指摘している（松﨑　2021)。

こうした仏教的な要素は作者の個人的な来歴であるように思われる。作者はけっして浄土真宗の儀礼や思想を丁寧に描こうとしているわけではない。それでも「鬼滅の刃」で描かれる死や死者との関係をよりまことしやかにする作品の底流となっているように思える。

注

1) マンガの発行部数、累計来場者数はアニメの制作に当たった株式会社アニプレックスの発表（2021年5月24日）による。https://prtimes.jp/main/html/rd/p/000003008.000016356.html。新シリーズの『鬼滅の刃 刀鍛冶の里編』が2023年春に開始されることが報じられている。

2) 産屋敷の元に結成された鬼滅隊と鬼舞辻無惨（きぶつじむざん）を頭領とする鬼の集団との闘い。鬼滅隊の中心となるのは柱と称される9人の剣士で、主人公の炭治郎はまだ柱にはなっていない。鬼の中心は鬼舞辻無惨であるが、他にも上弦と下弦の月と呼ばれる強い鬼がいる。

3) マンガが掲載された『週刊少年ジャンプ』（集英社）、テレビアニメともに年齢制限は設けられていない。動画配信のNetflixでは「R15+指定」で15歳以上なら誰でも見ることができるという指定になっている。劇場版『「鬼滅の刃」無限列車編』はPG12指定（12歳は保護者の助言・指導が必要）された。

4) インターネット上では『鬼滅の刃』に見られる死後の世界や生まれ変わりを論じるものが複数見られる。たとえば、「『鬼滅の刃』の死後の世界が気になるマン！」(https://yamakamu.net/kimetsu)、「【鬼滅の刃】キャラクター・鬼殺隊の子孫・その後・転生後・生まれ変わりの姿や名前一覧・まとめ！誰が何をしてるのか解説！」(https://newstisiki.com/archives/38434）などであるが、けっして数量的にも活発な意見交換が行われているわけではなさそうである。

5) しかしながら宗教的行動としての「墓参り」は中年層、高年層が7割を超えるのに対して、若年層は57%にとどまっている。

6) 全世界の興行収入でも2020年の年間興行収入世界第1位を記録した。

7) この場合の母親の登場と会話は杏寿郎の心象風景のようにも見える。杏寿郎の目の前には炭治郎がおり、傍らには嘴平伊之助（はしびらいのすけ）もいる。母親は杏寿郎の正面ではあるが、やや離れたところに立っている。炭治郎と伊之助には姿も声も聞こえていない。あるいは、炭治郎たちにも母親が見えるとストーリー上面倒なことになるので「見えない」ことにしてあるのかもしれない。

8) スミス（1981・1983）等を参照。

9) 2011年3月に生じた東日本大震災の後、残された者の中に「霊」が現れたという話が聞かれた。しかしながらこれらの霊も『鬼滅の刃』ほどに明確なメッセージを以て現れたわけではなさそうである。奥野（2020)、宇田川（2020)、バリー(2021)、金菱（2021）を参照。

10) 死後の場面で「川」が描写される箇所がもう一箇所ある。川には橋が架けられていて、厳しい修行で死にかけた炭治郎が「三途の川を渡りかける」と説明されている

(12巻)。

参考文献

宇田川敬介　2020：『震災後の不思議な話：三陸の〈怪談〉』飛鳥新社（増補文庫版）。

NHK放送文化研究所編　2020：『現代日本人の意識構造　第九版』NHK出版。

奥野修司　2020：『魂でもいいから、そばにいて；3・11後の霊体験を聞く』新潮社(新潮文庫)。

金菱清（ゼミナール）（編）　2021：『私の夢まで、会いに来てくれた：3・11亡き人とのそれから』朝日新聞出版（朝日文庫）。

スミス、ロバート・J　1981・1983：『現代日本の祖先崇拝：文化人類学からのアプローチ』〈上・下〉前山隆（訳），御茶の水書房。

バリー、リチャード・ロイド　2021：『津波の霊たち：3・11 死と生の物語』早川書房(ハヤカワ文庫NF)。

松﨑智海　2021：『『鬼滅の刃』で学ぶはじめての仏教』PHPエディターズ・グループ。

森岡清美　2005：「先祖供養と家族」『中央学術研究所紀要』34、2–18。

Demon Slayer and Modern Japanese Views of the Afterlife

by ISHII Kenji

This paper attempts to discuss the views of life and death of modern Japanese people by taking up *Kimetsu no Yaiba* (Demon slayer). *Kimetsu no Yaiba*, which gained a large following mainly from young people, depicts "death" and the "afterlife." Humans and demons don't just die, but frequently appear afterwards and have a relationship with the living. The relationship between the dead and the living includes "rebuke and encouragement," "affirmation," and "praise." These relationships are different from the relations of the living with ancestors or other relationships with the dead that are traditionally seen among Japanese people. We can see that Japanese views of "death" and "relationships with the dead," as found among young people today, are represented in this work of pop culture.

〈論文〉

スピリチュアリティとフェミニズムの〈あいだ〉
――女性の身体性と「自然」をめぐって――

橋迫 瑞穂

1. はじめに

今日の日本社会に浸透している「スピリチュアル市場」では、妊娠・出産、さらには育児に関連するスピリチュアルなコンテンツが支持を集めている。具体的には妊娠・出産を司る臓器である「子宮」を神聖視する「子宮系」と呼ばれるコンテンツや、できるだけ医療に頼らず自身の身体性を重視するお産に臨む「自然なお産」などが挙げられる。これらのコンテンツでは、「自然」という言葉が超越的、神秘的な意味を帯びる傾向が見いだされる[1)]。

他方で、フェミニズムとは微妙な関係性にある。すなわち、「スピリチュアル市場」での妊娠・出産や育児にまつわるコンテンツは、女性の身体性を尊重しその価値を高めようとする点でフェミニズムと親和性が高いように見える。しかし、伝統的、保守的な女性観や家族観との結びつきを強調する点では、むしろフェミニズムと対照的な性格が見いだされるのである。ただし、妊娠・出産や育児を中心とするスピリチュアリティとフェミニズムの関係性は2000年代の「スピリチュアル市場」において形成されたわけではない。もともと両者の微妙な関係はそれぞれが広まった70年代から見いだされるが、それが「スピリチュアル市場」の出現により可視化されたととらえるほうが妥当だろう。

では、日本社会においてフェミニズムとスピリチュアリティはどのような関係にあったのだろうか。この点について、両者の関係が顕著に見られる妊娠・出産や育児についての議論や価値観に焦点をあてて検討する。

具体的な論考に入る前に、本稿ではどのような意味でスピリチュアリティ(spirituality）という語彙を使用するのかについて簡単に述べておきたい。ここ数年、宗教学、宗教社会学においてスピリチュアリティに注目した研究は国内外で広まっているものの、その定義については議論が続いている。ただし、スピリチュアリティを説明する際に Not Religious, But Spiritual という言い回しがそれを支持する当事者から発せられるように、スピリチュアリティは概ね、教義、教祖、組織といったものを有する既成宗教とは異なっていて、より個人主義的な立場から超越性、神秘性に接近しようとする個人の志向性を指すものとみられている。また近年では、スピリチュアリティが書籍やグッズ、スクーリングなどのコンテンツとなって消費主義と結びつき広まっていることや（堀江 2019）、「市場」を形成していることも指摘されている（有元 2011; Carett & King 2004; 山中編 2022）[2)]。

島薗進はこうした動きが顕在化したことに日本でいち早く注目した研究者であり、1970 年代から興隆した、既成宗教に頼らず個人で霊性に接近しようとする社会の現象を新霊性運動・文化（New Religious Movement and Culture）と名付けて分析している。本稿でも、島薗の概念規定に依拠して、スピリチュアリティ概念を使用することにしたい。

ところで、島薗のスピリチュアリティ研究では、フェミニズムとの接点にも言及がなされている。島薗はウーマン・リブの旗手である田中美津の「いのち」についての思想を取り上げて、それを「自己解放のスピリチュアリティ」であったと指摘している。というのは、70 年代にウーマン・リブに傾倒していた田中は、90 年代以降に「いのち」を重視する価値観と出会うことで、自分を社会に縛り付けるさまざまなしがらみからの解放を目指すようになったからである。田中が鍼灸師として鍼灸に心身を解放する効果を見出したことを挙げて、「スピリチュアルな喜び」（島薗 2007,28）を模索したと島薗は指摘している。

このような島薗の考察は、フェミニズムの興隆とスピリチュアリティの興隆の交差を明らかにしようとするものと言える。ただし、スピリチュアリティへと向かったフェミニズムは他にも散見されるものであり、フェミニズム全体がスピリチュアリティと複雑な関係を形成している。さらに、島薗の議論においては、フェミニズムとスピリチュアリティが接続する際に身体性が鍵となることが指摘されているものの、その点について深く掘り下げられているわけではない。

以上の点を踏まえて、改めてフェミニズムにおける身体性、特に妊娠・出産についての議論に注目し、スピリチュアリティとの接点について検討を試みたい。そのために、フェミニズムについて論じた著作を取り上げる。具体的には、ウーマン・リブの旗手であった田中美津、日本でエコロジカル・フェミニズムを展開した青木やよひ、そしてフェミニズムに批判的な立場を取りつつスピリチュアリティを時に称揚する三砂ちづるらによる議論を取り上げる。これらの論者はフェミニズム、または反フェミニズムを代表する論者であるだけでなく、スピリチュアリティについても言及しているからである。彼女たちの議論を検討することは、日本社会におけるフェミニズムとスピリチュアリティの関係性を明らかにするのに資すると考えられる。

2. ウーマン・リブと「自然」——田中美津の身体観

1970 年代から、女性の解放を強く訴えるウーマン・リブ運動が世界的に展開されたが、それはちょうど第二波フェミニズムが興隆した時期であった。また、ウーマン・リブ運動においては人工妊娠中絶の権利も盛んに主張されていたが、その背景には、のちの「リプロダクティブ・ヘルス＆ライツ」の考えに連なる性と生殖の自己決定権という主張の広がりがあった。

日本でウーマン・リブ運動の中心的な存在であった田中美津は、1943 年生まれで 70 年代よりウーマン・リブ運動に身を投じ、「ぐるーぷ・闘う女」を主宰して様々な活動を展開した。1980 年代はメキシコに渡って出産し、帰国後、鍼灸師の資格を取り鍼灸師としても活動するようになる。こうした活動経緯のなかで、田中は様々な言論活動を行い著書を出版してきた。その内容は、ウーマン・リブとの関わりを中心に自身の思想や生い立ちについて綴ったものと、鍼灸を中心とする代替療法を主軸とした体調や健康に関する指南書に分けることが出来る。

運動の渦中にあった田中の思想が最も克明に記しているのが、『新版いのちのおんなたちへ——取り乱しウーマンリブ論』(田中 2016) だろう。ウーマン・リブ運動において、田中は、家父長制の下で女性が自身のセクシュアリティを管理され決定されることに抵抗してきたと述べる。その上で、男性の管理からの解放を、「便所からの解放」と名付けたことは日本のフェミニズム運動のなかでも広く知られている。

さらに女性同士で子どもを含めた共同生活を送ったり、ウーマン・リブ運動のための合宿なども開催してきた。田中が運動の渦中で自身の主張について記述し、配布したビラには「(略) 姉妹たちよ、メスから女へ、女から女たちへと歴史の闇を、明日を切り拓いていこうではないか！」(田中 2016, 28) という呼びかけが書かれている。また運動と深く関わるきっかけとなった子どもの頃の性的被害や、家族との関わりについても触れられている。

他方で、田中は東洋医学に基づく健康法を指南する著書を多く出している。そうした著書では、女性の身体性に対する田中の価値観や意識が綴られているだけでなく、健康に生きるための具体的な指南書としての記述も掲載されている。例えば「自分でなおす冷え性」(田中 2016) では、東洋医学に基づき身体の「冷え」を取り除くことで不調を改善するために、下着や衣服に気をつかうことや、生理用品に布で作られた布ナプキンを使用することなどを推奨している。さらに、生活習慣の改善のために甘いものを避け小食を心がけること、明るく前向きに生きるという気持ちの持ち方が重要であることなどが「いのちのイメージトレーニング」(田中 2004) に綴られている。

田中による健康法の指南書からは、西洋医学を基本とする標準医療に対する忌避感が見られる一方で、東洋医学の心身一元論を重視する身体観や健康観が強く打ち出されていることが読み取れる。さらに、マクロビオティックを提唱する桜沢如一、「自然流育児」の重要性を説く医師の真弓定夫、断食などを中心とする西勝造の西式健康法などから影響を受けていることもうかがわれる (田中 2004)。

このように田中は東洋医学に基づく身体の手当てについての著書を著しているが、自身が関わってきたウーマン・リブについての思想と独立しているわけではなく、むしろ深く関わりがある。その共通項となるのが、身体性と「自然」である。

東洋医学に基づく健康法を推進する理由について田中は、「からだのトラブルが多い人は、自分のからだがキライな人です」(田中 2017) と述べた上で、自らが提案する手当ての数々を「こころの奥の暗闇にたたずむもう一人の『私』」を「大丈夫だよ」と抱きしめる」ための手段だと主張する。そして健康法を説く著書において田中は「自然」と一体となることの重要性を説き、「自然」と一体となり心身の不調を整えれば癌やアトピーが改善するとまで訴えている (田中 2017, 52)。

こうした主張は、ウーマン・リブについての主張を展開する著書にも見いだされる。田中はリブ運動の一環として、女性が自身の身体性を主体的に取り戻すことの重要性を説いているが、それは身体性と「自然」との関係を強化することであると述べている。そして、その女性の身体性と「自然」とを結ぶ具体的な局面こそが、妊娠・出産なのである。この点についての主張は、以下の記述から読み取られる。

> 女がより自然に近いという根拠は、女の、非生産的な物の見方、考え方が、文明というものの毒をより受けなかったがゆえの結果であることと深く結びついている。(略) 男と女の絶対的な違いは〈産む〉か〈産まないか〉にある。この違いをつきつめていくと女は生殖という生理機能を通じて自分を縦の関係に、つまり自分を歴史的にとらえることが本質的に可能な存在としてあり、女と子どもにとって男とは所詮消えていく存在でしかない事実に突き当たる。(田中 2016, 177)

さらに田中の議論の特徴として、女性の身体性と「自然」とが対峙する際の「痛み」が重視されている点が挙げられる。具体的には著書のなかで、中国式の無痛分娩について取り上げている箇所が挙げられる。一般的に無痛分娩とは、麻酔を使用して痛みを無くす方向でやわらげながら分娩に臨む方法を指す。だが中国式の無痛分娩とは鍼を使って痛みを緩和しつつ、痛みと調和しながら分娩に臨む方法である。田中はこの中国式無痛分娩を取り上げて、それが出産に対する恐怖や痛みに対峙することで、「戦いへ向けて主体性を構築」する契機となる方法であると評価する。そして、妊娠・出産をめぐる痛みを女性にとっての「自然」との対峙であると述べた上で、女性が「自然」に近いのはまさにこうした出産体験を有するからだとしている。そして、「自然」に近い女性の価値を以下のように主張する

> 一人文明から取り残されてきたゆえに、女の子宮の宿すその「恐怖」は一本の草と対峙するなかで己の生と死の意味をまさぐってきた。古人の、その自己凝固のさまを女の中に再現させる。「痛み」を持ちえない生の創造性が生産性の論理に結びついてきたのであれば、「痛み」を「痛い」と感じる生の創造性は、己を解き放つための創造性に他なるまい。(田中 2016, 53)

田中は当初からウーマン・リブ運動のなかで男性への従属に対するカウンターとして、女性が身体性を主体的に取り戻すことの意義を主張してきた。そのための「自然」と対峙するということは、「自然」を単に引き受けることではなく、子宮を中心とする妊娠・出産にまつわる「痛み」を身の内に引き受けることで主体性を取り戻すこととして位置づけられる。その「痛み」は、「自然」に対して鈍化した男性に対する抵抗となるからである。さらに、田中の議論において特徴的なのは、「自然」に対峙することの意味を理念として示すだけでなく、鍼灸を中心とする東洋医学を基礎として「自然」と対峙する実践を具体的に提示していることにある。

ところで、身体性と「自然」の関係を重視するのは田中だけでなく、エコロジカル・フェミニズムに立脚する青木やよひも同様である。ただし、関係の中身そのものに大きな違いがあることが指摘される。次に、青木やよひのフェミニズム論を取り上げたい。

3. エコロジカル・フェミニズムと聖性 ——青木やよひの「自然」観

青木やよひ（1927–2009）は 1927 年生まれの評論家で、フェミニズムのみならず音楽に関する著書も出版している。初期はウーマン・リブに関わりながらも、のちにエコロジカル・フェミニズムに傾倒するようになった。エコロジカル・フェミニズムは日本では広まることがなかったものの、青木の議論により一定の存在感を放つようになる。そしてすでに述べたように、青木の議論でも女性の身体性と「自然」とのつながりの重要性が強調されていて、そのつながりの重要な局面として妊娠・出産が位置づけられている。

青木が女性の身体性と「自然」のつながりを重視する理由として、フェミニズムの立場から近代文明批判を重視していることが挙げられる。青木にとって、急速な文明の発達とそれによる人間性の軽視の根底にあるものこそ、フェミニズムが批判すべき男性原理の仕組みにほかならない。フェミニズムはその文明＝男性原理を突き崩して、性や生命の問題に向き合うことにこそその役割があるとして、青木は『増補新版フェミニズムとエコロジー』（青木 1986）で以下のように主張する。

> 女性解放の立場から女の性はどうとらえるべきものだろうか。私はあらゆる意味で、性の自己受容とともに身体の自己管理ということをすべての人間の人権の基礎とすべきだと考える。そしてその身体の中には、当然のことながら性も含まれなければならない。しかもその性は「天なる父と母なる大地」の対によってこそ宇宙のバランスが保たれるとするエコロジカルな自然観の中で理解されなければならない。（青木 1986, 160）

ここで注目しておきたいのは、青木のいう「エコロジカルな自然観」とは「宇宙のバランス」を指し、さらには「天なる父と母なる大地」という対称性とその調和を象徴している点である。青木にとって男性と女性とは徹底的に対照的な存在であり、両者がバランスを取ることで「自然」と接続し、それによって聖性を帯びるものであることが指摘される。青木は続く文章で「近代を支えてきた古い対立的（＝差別的）二元論は捨て去らなければならない」と主張するものの、男／女という二元論は捨象されることはなく、むしろ強調されている。

だが青木によると、現況では女性もまた文明によって「うちなる自然」が抑圧されてしまっている。したがって、青木にとって女性が身体性の「うちなる自然」を発見して宇宙とつながることが、男性も含む世界の仕組みをより良い方向に動かすためにも必要となる。その契機となるのが、女性が「うちなる自然」を見直すこと、すなわち自身の「産む性」としての側面を見直して、「命の再生産」の主役であることを女性が意識することである。その点について、青木は以下のように述べている。

> とかく私どもは、人権とか自由とか言いますと、思想表現や社会行動のレベルだけで考えがちですけれども、生身の人間として自分の身体とそこに根ざした性というものは、存在の基盤を大きく支えるものであって、これをないがしろにしたところには、ほんとうの自由も人権もありえないはずです。そして産む性であるゆえに、女性はそのことに敏感であり、切実な思いを持っております。しかし、当然ながら生命の再生産には男性もかかわりを持っていますし、人間として生命をはぐくみ

育てる責任は、男女とも等しく担ってゆくべきものです。(青木 1986, 185–186)

さらにこのような考えから、青木は当時盛んになりつつあった人工生殖を厳しく批判する。人工授精にせよ代理母にせよそれは女性の身体を医療＝男性の管理下に置くことになってしまう。それは「コミュニケーションとしての性」の意味を失うことにもつながりかねないと主張する。そうした意味でも、「産む性」としての女性の身体性はあくまで「自然」の側にあるべきだと青木は主張するのである。

ただし注意する必要があるのは、女性が「産む性」であることを認識することは単なる母性願望と異なるという点である。青木は思春期を戦争の渦中で過ごした自身の体験に触れつつ、戦争やその背後にある天皇制に対してフェミニズムの立場から反対する主張を展開してきた。その青木にとっていわゆる母性の希求は、天皇制を軸とする共同幻想を形成する源泉としてとらえられている。青木にとって、「産む性」を重視することは「母」として生きることと同じことではない。同様に、「産む性」が「種の存続に貢献する」という考えも退ける。なぜなら、それは「『産むべき性』に縛りつけ、個としての存在意味を抹殺する」考えにつながり、ファシズムに向かう可能性を胚胎するからである。青木はあくまで「己のうちなる『女性の原理』の回復」という意味において「産む性」を見直し、男性＝文明社会を打破することを目指すのである（青木 1986,119-120)。

しかし、青木のこうした「産む性」へのまなざしは結果的に、結婚制度やセクシュアルマイノリティへの見方にバイアスをかけている。青木は『性差の文化——比較論の試み』(青木 1982）で、アメリカで性犯罪や離婚、性倒錯が増えている原因として「性に起因する情緒不安定」をあげて、それがファシズムにつながると主張する。その上で、文明＝男性社会の枠組みを女性の「産む性」によって打破することが必要であり、こうした状況に「差別とならない性別文化」を対峙させる必要があると言う。こうした青木の議論からは、女性の身体性が「自然」と接続することで性差が自明のものとなり、結果的に偏見をともなう強固な社会秩序の形成が生じるという可能性があることが指摘される（青木 1982, 29)[3)]。

青木も、女性の身体性と「自然」との結びつきは男性＝文明社会の支配下から独立した場に自らを置くものとなりうるという主張を展開している。また、女性の身体性が「自然」と結びつく局面として出産を重視していることもこのこととかかわっている。ただし、青木の主張において女性の身体性は「自然」と結びつくことで男性＝文明社会を突き崩し、その弊害を淘汰した上で、男性と女性の性差に基づいた新たな世界を理想として掲げていることに特徴がある。

ところで、こうしたフェミニズムにおける妊娠・出産や「自然」と類似する見解を示しながらも、フェミニズムに批判的な立場もある。それが、三砂ちづるによる女性の身体性や妊娠・出産をめぐる議論である。次に、三砂による議論を取り上げたい。

4. 反フェミニズムの身体性
――三砂ちづるとスピリチュアリティ

三砂ちづるは1958年生まれの疫学博士であり、海外で国際協力活動に参加したあと、現在では大学の教授を務めている。2004年に出版した『オニババ化する女たち』がベストセラーを記録し、一躍有名となった。同書では、生と生殖に向き合い喜びに満ち溢れた体験をしないと、満たされないまま「オニババ化」するという主張が展開されていて、そのなかで「おんな」としての身体性を取り戻すことの重要性が説かれている。ただしこうした主張について、三砂はフェミニズムに批判的な立場から展開していることに特徴がある[4)]。

三砂は自身がフェミニズムに批判的な理由として、フェミニズムが「『産んでも産まなくてもあるがままの私として認めてほしい』『女性にも社会参加を』」（三砂 2004, 28）という考えを広めたこととをあげている。こうした考えは女性に価値観の多様性を示すものであったが、それとひきかえに妊娠・出産という選択肢を忌避させることになった。そのため、母親世代が「女性としてのからだのありようについて、娘たちに肯定的なことを伝えることが出来な」（三砂 2004, 29）いという風潮を作り出し、その結果として女性は自らの身体性を軽視する空気を生み出してしまったと述べている。

このようにフェミニズムに批判的な立場を取る三砂は、妊娠・出産という体験を女性が自らの身体性を取り戻す契機として重視する。ただしそこで重要なのは、できるだけ医療に頼らない出産を選ぶという方向性である。同様に、月経を含む子宮の健康についても医療の介入に批判的な主張を展開する。その理由として三砂は、「女性が女性に」対して「豊かなからだの知恵」を継承することを妨げて、女性が自分自身の身体性と向き合う機会を奪ってきたのはほかならぬ医療だったと主張する。

そこで「オニババ化」しないために、医療に頼らない月経やお産との向き合い方を提案している。具体的には、月経に関しては「月経コントロール」の仕方を提案しているが、「月経コントロール」とは経血を紙ナプキンで受け止める一般的な方法ではなく、トイレで排泄して出し切れるようにする方法のことを指す。このやり方について三砂は、古い世代では当たり前にやられていたことだと主張して、現代の女性はコントロールの仕方を伝えられていないだけでなく、生活習慣によりコントロールする筋力が衰えてしまったために失われてしまったと述べている[5)]。

また、出産については助産院での出産を奨励している。その理由について三砂は、助産院は地域に根付きつつ、自分の身体性に向き合う豊かなお産を女性に提供できる場であるからだとしている。そうした体験について、三砂は以下のように述べている。

> 非常に豊かなお産を体験した女性は、お産の前と後では人が違うのではないかと思うくらいに変革をとげます。お産を通じて自分のからだと向き合えば、非常にインパクトのある経験として、女性の人生の核となります。それは人間の根っことなるような経験ともいえます。あとで詳しく述べますが、自分はひとりではなくて、自然とつながっていて力が出てくる、ということを感じさせるような経験です。男性は簡単には経験できない本質的な体験といえるでしょう。(三砂 2004, 86)

その上で三砂は、「自然」なお産を宇宙ともつながる体験だとして、厳しい体験であると同時にそこから力を得ていくという意味で「原身体験」と呼ぶ。反対に、こうした出産を体験していない女性は、「自然」から切り離されて自身のエネルギーの持っていき場がなく、子宮周辺の病気になるとまで主張する。

ところで三砂にとって、こうした「自然」と向き合うお産や「月経コントロール」の仕方は、女性が現況を打破し、社会に変容をもたらすものとして位置づけられているのではない。それよりも、女性が「オニババ化」することなく、自らの性と生を全うするために、現状を受けとめ調和をもたらすためなのである。それは、2012年に出版された『不機嫌な夫婦――なぜ女たちは「本能」を忘れたのか』での、女性が身体性と「自然」を結びつけることで「生の充実」を重視すべきだとする以下の主張に現れている。

> 女性だけでなく男性も含んで、生きるコスモスといいますか、生きて死ぬ大きな物語みたいなものがない。自然の中で人間が生かされて、生きて、そこで生まれ育って死んで……という世界。その中に、美しいものもあるし、人とのかかわりもあるし、生の充実みたいなものがしっかりあって、自分が生きることの意義なんて探し求める必要なんてなかった。私たちはもう、そういう時代には生きていないのです。(三砂2012, 197)

三砂が女性の身体性と「自然」を結びつけるのは、自分自身の今現在における生きる場所を肯定するためである。言い換えれば、子どもを産み育てて生命をつなぐことこそ女性の使命であり、生きる意味であることを再確認するものとして浮上するのである。

他方で三砂は、女性の身体性を「自然」と結びつけることの意味をフェミニズムに批判的な立場から主張する。フェミニズムは三砂にとって女性に多様な価値観を示すものであった結果、妊娠・出産する身体性としての女性の価値を相対的なものとして矮小化するものだったからである。そこで、「月経コントロール」や助産院での「お産」を通して、女性が身体性にもともと備えていた「自然」を再発見し、慈しむ体験が必要だと主張する。そのことで、女性は社会にあって新たな価値観を模索しなくても、生きることの意味や価値を手に入れられると三砂はいう。

ここまで、フェミニズムに対して異なる立場を取りながらも、女性の身体性と「自然」の関係を重視する三者の議論を取り上げてきた。次に、それぞれの議論の相違点に着目しつつ彼らの主張が意味することを整理していきたい。

5. スピリチュアリティ・フェミニズム・「自然」

ウーマン・リブの立場に立つ田中も、エコロジカル・フェミニズムに立脚する青木も、またフェミニズム自体を批判する三砂も、身体性と「自然」との関係が女性にとって重要であるととらえる点では共通している。それぞれの主張を女性の身体性と「自然」のつながりに焦点を当てて整理すると、女性の身体性が妊娠・出産を通して「自然」と結びつくこと、それが時に女性のありかたを超越的な地点からドラスティックな変化をもたらす可能性を秘めていると示唆し、さらにそれがスピリチュアリティと融合していることが改めて確認される。三者はそれぞれ日本社会のフェミニズムに対し大きく影響を与えてきたことから、フェミニズムそのものとスピリチュアリティの親和性が極めて高いことも改めて確認できるといえよう。

ただし、当然のことながら相違点も指摘される。ウーマン・リブの立場に立つ田中にとっても、エコ・フェミニズムに立脚する青木も、さらにはフェミニズムに批判的な立場に立つ三砂にとっても、女性の身体性と結びつけられる「自然」とは文明と対照的な関係にあるものととらえられ、さらにその文明は男性を象徴するものに他ならない。だからこそ、「自然」に接近することが女性にとって意味があるものとして浮上する。

ただし、田中はあくまで男性の支配下から女性の主体性を奪還することを主眼とする。そこでは、文明は女性を疎外するものとして位置づけられていて、だからこそ、身体性をもって「自然」と向き合い「痛み」によって主体性を取り戻すことに意味があることが強調される。それに対して青木は、身体性と「自然」は元から融合するものであり、そのことで男性＝文明社会から独立した関係が構成されるととらえる。そしてそのことで、性差に基づいた調和のとれた世界を作ることが目的とされているのである。

ここに、男性に向ける両者の視線の違いが指摘される。すなわち、田中にとって男性はあくまで女性の主体性を剥奪する、敵対者として位置づけられる。女性が「自然」に向き合い、「痛み」をもって主体性を奪還することに価値があると田中が考えるのはそのためである。その結果、女性が主体性を獲得したとしてもそれは男性とは関わりのないことである。むしろ女性が「自然」と向き合う妊娠・出産の局面において、男性は消滅する存在として冷ややかに見定められている。それに対して青木は、文明＝男性社会と独立する形で女性が主体性を獲得するからこそ、男性も調和のとれた世界に包摂されて救われるとする理想を提示する。もっと言えば、男性がいるからこそ、女性が「自然」を通して聖性を帯びることが可能になることがここでは主張されている。

対して三砂にとって「自然」は女性がもともと身体性の内側に胚胎していたものであり、出産はその「自然」がいわば目覚める体験にほかならない。出産が女性にとって気持ちよく喜ばしい体験として強調されるのは、そのためである。そして、そこで「自然」を身体性の内側に発見することは、女性が女性であることの意味や価値を肯定するためのものであり、社会に対して何かしらの変化をもたらす体験として強調されることではない。むしろ、現況の社会のなかに自らの位置を確定し、その価値を強調するからこそ「自然」と接続することの意味が強調されるのである。

しかしながら、三砂の議論において男性の価値はそれほど重要ではない。それどころか、ほとんどその姿を露わにすることがない。現状の社会に対して変化を必要とせず、「自然」をもって女性がその価値や位置を獲得するのだとすれば、現状でなおも優位な立場にあるはずの男性との関係にも何らかの意味を見出すことは可能だろう。もちろん、三砂の議論のなかでは男性は家庭のなかでケアをする対象として、あるいはセックスの相手として浮上することはある。だが社会に変化を必要としない以上、根本的に男性はそこで不可視の存在として宙に投げ出されることになる。フェミニズムの枠外にあるからこそ、女性との関係のなかでその存在意義を喪失していくという皮肉な転倒が見いだされるのである。

冒頭で触れたように、2000年代に広まった「スピリチュアル市場」において妊娠・出産をめぐるコンテンツが人気を集めて、現在も支持を受けている。そのなかで、女性の身体性と「自然」の結びつきが重視され、妊娠・出産が特に重要な局面として強調されてきた。ただし、それぞれの主張はフェミニズムの内外で展開されており、そこで示される「自然」の含意や身体性との結びつきのあり方、さらには男性との関係のありようをめぐっては互いに相違が見いだされる。

実際のところ、現況の「スピリチュアル市場」における妊娠・出産と「自然」を結びつけるコンテンツは、三砂ちづるが主張するような形で展開される傾向にある。三砂は著書のなかで、自身の主張する女性の身体性のありかたが「スピリチュアル」への人気とリンクするものであると指摘している。また実際に、三砂の提唱する「月経コントロール」をはじめ、妊娠・出産に関わる実践が書籍やスクーリングなどの形で広まっている。そのなかで、スピリチュアリティが強調される傾向も指摘される。男性が後景に置かれることや、フェミニズムの影響がはっきりとは見いだされない理由も、このことと関わっていると考えられる。

しかしここまで整理してきたことからもわかるように、田中や青木が主張するような女性の身体性と「自然」との関係が「スピリチュアル市場」に影響を与えていないとは言い切れない。例えば、「自然なお産」が支持を受けているが、そこでは「痛み」を伴う出産のあり方が女性の主体性を取り戻す契機として位置づけられている。また、性差を自明のものとしてその調和にスピリチュアリティを見出す言説も散見される。皮肉なことに、フェミニズムという思想の看板が不可視化されるなかで、身体性と「自然」との結びつきを重視するコンテンツに、結果として細分化されたフェミニズムの影響、ないしその要素がスピリチュアリティを伴いながら見いだされるというのが、現在の「スピリチュアル市場」のありかたと言えるだろう。

一見するとフェミニズムと無関係のように見える「スピリチュアル市場」に、時折フェミニズムとの微妙な関係性が見いだされるのはそのためである。その背後にあるのは、フェミニズムが議論してきたような現実社会における女性の、特に「産む性」めぐる苦境であり、そこに起因するさまざまな悩みであることが改めて指摘されるのである。

おわりに

「スピリチュアル市場」の出現は「産む性」や「母」となりうる女性の身体性に対する根底的な問いを改めて浮かび上がらせたと言える。これまで見てきたように、結局のところ「産む性」や「母」となることはスピリチュアリティという超越性にその意味の源泉を求めることで、辛うじて女性にとって価値や意味があるものとして受けとめられてきた。それはウーマン・リブにせよエコロジカル・フェミニズムにせよ、またフェミニズムに対抗する立場であっても同様である。もっと言えば、フェミニズムそのものが正面から「産む性」や「母」となりうる身体性の意味を問う経路を十分に形成してこなかったことが改めて指摘される。

しかし、「産む性」や「母」となる身体性とは、必ずしも「女性」であることだけを指すものではない。まして、「産む性」や「母」となる身体性は女性の意味や価値を決定づけるものではないことが、わたしたちの社会ではほぼ自明のものとなりつつある。そのなかで、「スピリチュアル市場」の台頭は辛うじてその意味や価値を供給するものとして浮上してきた。だとしたら、フェミニズムとスピリチュアリティのいずれの研究においても、半ば自明のものとしてきた妊娠・出産とスピリチュアリティとの関係を注意深く相対化する視点を獲得し、改めて妊娠・出産や「母」となることの意味や価値を議論していくことが求められていると言えるのではないだろうか。

注

1) 「スピリチュアル市場」における妊娠・出産に関するコンテンツについて詳しくは橋迫（2021）を参照されたい。
2) こうした「スピリチュアル市場」についての議論は、有元を除いて概ね批判的に論じられている。その理由として90年代に注目された霊感商法の問題との関連や、消費主義と結びついたスピリチュアリティは安直なものであり、人を救済したり思索を深めたりするものではないという批判が展開されている。他方で、「スピリチュアル市場」の存在はもはや自明のものであり、かつそれがフェミニズムと結びついて一定の可能性を示唆しているという議論もある。詳しくはCrowley（2011）。
3) 性差による男女の調和を理想とする青木やよひの思想は、結局のところ性差による不平等を再生産する主張だとして上野千鶴子や江原由美子らから厳しい批判を受けた。詳しくは上野（1986）、江原（1985）を参照されたい。
4) 田中美津はこうした三砂の主張に対し、「宗教的」だとして批判している。詳しくは田中（2005）。
5) 「月経コントロール」について三砂は、インタビューした高齢の元芸者から教えてもらったと述べている。ただしそれ以上の裏づけはなく、正確なところは不明である。

参考文献

Carrette, J. and R. King 2005: *Selling Spirituality: The Silent Takeover of Religion*, Oxfordshire: Routledge.

Crowley, K. 2011: *Feminism's New Age: Gender, Appropriation, and the Afterlife of Essentialism*, New York: State University of New York Press.

有元裕美子　2011：『スピリチュアル市場の研究：データで読む急拡大マーケット』東洋経済新報社。

青木やよひ　1982：『性差の文化：比較論の試み』金子書房。

―――　1986：『増補新版フェミニズムとエコロジー』新評論。

江原由美子　1985：「女性解放の現在」『女性解放という思想』2–60、勁草書房。

橋迫瑞穂　2021：『妊娠・出産をめぐるスピリチュアリティ』集英社。

堀江宗正　2019：『ポップスピリチュアリティ：メディア化された宗教』岩波書店。

三砂ちづる　2004：『オニババ化する女たち』光文社新書。
―――　2012：『不機嫌な夫婦：なぜ女たちは「本能」を忘れたのか』朝日新書。
島薗進　2007：『スピリチュアリティの興隆：新霊性運動文化とその周辺』岩波書店。
田中美津　2004:『いのちのイメージトレーニング』新潮文庫。
―――　2005：『かけがえのない、たいしたことのない私』インパクト出版会。
―――　2016：『新版いのちの女たちへ：とり乱しウーマン・リブ論』現代書館。
―――　2017:『自分で治す冷え症』マガジンハウス。
上野千鶴子　1986：『女は世界を救えるか』勁草書房。

Between Spirituality and Feminism:
On the Female Body and "Nature"

by HASHISAKO Mizuho

With the emergence of the "spiritual market," contents that link pregnancy and childbirth with spirituality have attracted women's attention. These contents seem to be in opposition to feminism in that they present a conservative view of the female body; however, they also have a high affinity with feminism in that they emphasize women's physical nature. The reason for this is that feminism in Japan has developed an argument linking women's embodiment and "nature," and in this connection, feminism has been connected to spirituality. However, the positions within feminism are diverse, and while each position emphasizes the importance of connecting women's physical entity with "nature," differences can be found in various aspects, such as how "nature" is perceived and the nature of spirituality. It is reasonable to assume that this is reflected in the content of the "spiritual market."

〈論文〉

認知症の心理学
——認知症の人の心の世界——

佐藤 眞一

はじめに

かつての認知症ケアは、主な認知症の治療が困難だったため、社会福祉からのアプローチによる介護家族を支えることが中心であった。一方で、心理学は、そもそも研究や臨床の対象である本人を探ることから始まるのが通常のアプローチである。筆者は、まだ血管性認知症（当時は痴呆症）が圧倒的に多かった1980年代から高齢者施設利用者の心理学的なアプローチによるケア方法を研究していた。当時の高齢者施設には脳血管障害の後遺症に悩む利用者が多くを占めていたため、身体の麻痺に伴う生活困難による心理的諸問題や、失語症のある場合はコミュニケーション困難の問題に対して、どのようなケアが必要かを検討することが多かった。その後、脳血管障害の重度化を抑制することが可能になるにつれて、日本人の寿命は長寿革命と呼ばれるほどに長くなり、それに伴ってアルツハイマー型認知症が急速に増えていった。アルツハイマー型認知症は、身体的な不自由はあまりないことが多いため、家族介護者や施設の介護職員は、副次症状である行動・心理症状（Behavioral and Psychological Symptoms of Dementia: BPSD）に悩むことが問題の中心となった。そのため、社会福祉的アプローチでは、やはりその専門性ゆえに悩みを持つ当事者である家族介護者に焦点を当て、その悩みの解消を図ることをより重視していた。しかし、心理学を研究する者にとっては、認知症は本人の症状やその背景を理解することを重視するのが自然なアプローチである。筆者の場合は、パーソナルケアと呼ばれていた、症状の改善を主目的としたケア方法を、全人的なアプローチによって認知症者本人の全体像に接近することによって、心理学的ケアに導く方法を採用して事例検討を行っていた（佐藤 1997；佐藤 2005a；佐藤 2006）。その後、イギリスの心理学者キットウッドのパーソンセンタード・ケア（キットウッド

2017）が日本にも紹介され、認知症者本人の全体像を背景とする心理学的アプローチが注目されるようになり、厚生労働省管轄の認知症研究・研修センターでも研修に取り上げられたため、認知症者本人を理解しようとするアプローチが一気に広がり、現在では本人中心の認知症ケアが標準と考えられるようになっている。

我が国の認知症の有病率

認知症の有病率は、欧米の主要国や我が国において65歳以上人口の8～10%程度と考えられていたが、2013年に朝田隆を代表とする研究グループの調査研究（朝田 2011；朝田 2013）を元にして厚生労働省が発表した15%、462万人という数字には専門家も驚愕した。しかし、すでに高齢化率24%を超えていて、85歳以上の超高齢者の数も急速に増加して超高齢社会となっていた我が国の認知症者推定数は、諸外国の専門家にも受け入れられた。これほど多くの認知症高齢者がいると推定されたこともさりながら、同時に実施された軽度認知障害（Mild Cognitive Impairment: MCI）の高齢者13%、400万人という推計値にも驚かされた。最大値を見積もると4年以内に約20%が認知症に移行するといわれる認知症予備軍もまた多く存在していたのである。認知機能の低下に悩む個人が900万人近くもおり、その家族も含めるとその何倍もの人々が悩み、苦しんでいることは、主に事例検討を行ってきた心理学者にとって想像を絶する数値だったからである。

現在は、高齢化もさらに進んでいることから、認知症を発症している高齢者だけでも600万人に達していると考えられており、総人口が9,000万人程度に減少していると推定される2060年でも認知症者数は増え続け、25%、850万人になると推計されている（二宮 2015）。

認知症の種類と疫学

認知症は、脳神経の変性や血管障害によって神経細胞が侵されることによって生じる認知機能障害を有していて、それによって日常生活に支障が出た場合に診断される状態像である。種々の研究から総合的に判断すると、その原因疾患あるいは損傷の数は70種類とも80種類ともいえるほど数多いが、その多くはアルツハイマー型（約60%）、レビー小体型（約10%）、(脳)血管性（約10%）、混合型（約10%）、その他（約10%）とされるものの、より高齢で発症した場合は、アルツハイマー型が優勢であっても同時に脳梗塞が認められたり、他の脳障害が存在したりすることも稀ではないため、それほど明確に占有率を示すことはできない。

アルツハイマー型が全認知症の60%程度の多数を占めることは明らかであるが、初期には記憶の低下があまり見られず、幻視や睡眠時異常、パーキンソニズムを示すレビー小体型も比較的多いことから、同じ認知症であっても症状が大きく異なることがあり、近年では、原因疾患を明確にした上でケアに当たることが推奨されている。

また、前頭側頭葉変性症は認知症の1%程度と数は少ないが、比較的若年で発症することが多く、副次症状が激しいため、そのケアは介護者にとって大きな負担になっていることから、アルツハイマー型認知症、レビー小体型認知症、血管性認知症と共に4大認知症と呼ばれている。

認知症診断における6種の認知機能

認知症の診断基準としての認知機能については、アメリカ精神医学会の統計・診断マニュアルが2013年にDSM-5に改訂された（American Psychiatric Association 2013）。DSM-5ではneurocognitive disorders（神経認知障害群）として、delirium（せん妄）、major neurocognitive disorder（認知症）、mild neurocognitive disorder（軽度認知障害）が含まれ、dementiaという名称は除外されることになった。ただし、その後、2019年にWHO世界保健総会にて採択され、2020年に発効された国際疾病分類ICD-11においては、dementiaの名称は残されたが、認知症の分類はDSM-5にほぼ準じている。相違は、認知症が神経の疾患と精神の疾患に二重に分類されたことである。DSM-5がアメリカ精神医学会の統計・診断マニュアルであるため、認知症は当然のごとく精神の疾患として捉えられているが、neurocognitiveという名称からもわかる通り、近年の脳神経科学の進歩によって認知症は神経の疾患として捉えられる傾向が強くなったことは、ICD-11で神経の疾患にも分類されていることからも明らかである。このことは、アルツハイマー病予防を目標とする創薬の活発化とも関連している。

また、診断基準となる認知機能についても見直され、DSM-4までは記憶障害が診断には必須な条件であったが、DSM-5では記憶障害の目立たない認知症の存在も認められ、「複雑性注意」(持続性注意、選択性注意、分割的注意、処理速度)、「実行機能（遂行機能）」(行動の計画から実行に関する手順や段取り)、「学習と記憶」(新たな学習とその記憶)、「言語」(失語症状)、「知覚－運動」(失行、失認)、「社会的認知」(表情から感情を読む、会話の背後にある心理を読む）の６種類の認知機能（図１）のどれか一つ以上に障害があり、それによって日常生活に支障が出る場合にneurocognitive disordersと診断されることとされた（除外診断等も別途行われる)。なお、DSM-5の翻訳出版に当たった日本精神神経学会では、neurocognitive disordersも日本語では従来の「認知症」とすることで混乱を避けたものと推定される。

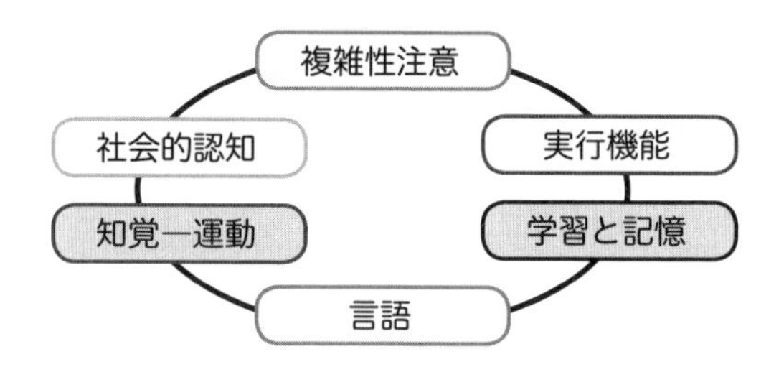

図１　DSM-5における認知症も診断基準となる６種の認知機能

認知症の人と介護者の苦しみ

近年、認知症を疑われた人に対する早期対応の重要性が指摘されている。例えば、日本神経学会による「認知症疾患診療ガイドライン2017」(日本神経学会 2017）では、認知症と診断された早い段階から認知症を有しつつ生活する方法を認知症の本人とその家族に伝えることの重要性が、両者のQuality of Life（QOL）を高めるために必要であるとされている。また、認知症施策推進総合戦略（新オレンジプラン）の７つの柱の１つである認知症初期集中支援チームを、各自治体で進められている地域包括支援システム等において配置することが推奨されており、その目的として厚生労働省は、認知症になっても本人の意思が尊重され、できる限り住み慣れた地域の良い環境で暮らし続けられることを挙げている（厚生労働省 2022)。

このように認知症と診断された人やその家族には、認知症の進行を意識しながら、認知症と共により良く人生を歩むことが必要とされており、診断から治療という通常の疾患とは異なる課題が存在していることを、学会もそして医療政策においても示されている。認知症は、血管性認知症のように生活習慣の管理によってある程度予防可能なものや、特発性正常圧水頭症のように早期診断による外科的手術によって治癒が可能なものもあるが、多くは治療が困難であり、アルツハイマー型認知症やレビー小体型認知症、前頭側頭葉変性症など、現在のところ根本治療はほぼ不可能な病態のものが多くを占めている。

以上のような認知症治療の現状から鑑みるに、脳機能の異常によって低下した認知機能を高める治療や低下を予防する治療は困難な場合が多いことが推察される。そうであるならば、認知症のもう一つの診断基準である「日常生活に支障」が出にくくなるような対応方法の重要性に注目することが必要であろう。その方法としては、住宅設備を含む生活環境の整備や日常生活支援としての介護を挙げることができるが、認知症が認知機能や感情・人格の変化により家族などの他者と共にある生活に支障を伴うことを考えれば、心理学的課題の解決の重要性（ミラー／モリス 2001）に改めて注目すべきではないだろうか。

以下、認知症の人とその家族や周囲の人たちが互いに感じる苦しみについて、これまでに筆者が共同研究者と共に行ってきた心理学的研究成果に基づいて論じ、その解決方法や対応法の一端を示す（佐藤 2012；佐藤 2018；佐藤 2021）。

心がすれ違う苦しみ

以下に示す２つの事例から、認知症の人とその家族の心がすれ違う状況を検討してみたい。

事例 1. 認知症の母親と介護する娘
状況：認知症の母が夜中に起き出し、夕食で残った味噌汁の入った鍋を火に掛け、忘れて寝てしまった。鍋の焦げるにおいに気づいた娘が、母親を起こして問い詰める。

娘「鍋が焦げちゃったじゃないの！　火事になったらどうするの？」
母は、翌日、鍋を買いに近所の荒物屋へ行き、帰りに迷子になり、近所の人が連れ帰った。

事例 2. 認知症の祖母と介護する母と息子
状況：ある夜、小学生の息子が母親と認知症の祖母が寝る部屋の前を通りかかると、
母「お婆ちゃん、死んじゃおうか？」
祖母「死ぬのは怖いよ。嫌だよ。」
という会話を耳にしてしまった。
息子は、母と祖母は手首を紐で繋いで寝ていることを知っていた。

状況の分析
事例 1：火事になるのを恐れている娘と鍋を焦がしてしまったことを責められていると思い込んだ母の心がすれ違っている。
事例 2：介護に苦しむ母の言葉と、その言葉の表面だけを捉えて怖がる祖母の心がすれ違っている。

介護におけるケア対コントロール

事例 1 では、認知症の母は、鍋を焦がしたと娘に責められていると感じている。その結果、娘の支配に屈した母が、翌日、焦がした鍋の代わりを買いに家を出てしまう。一方で、事例 2 では、介護する母が介護する苦しさに追い詰められている。祖母の介護という苦しさに気持ちが折れてしまいそうになっている母を、この会話を聞いてしまった小学生の息子はどう感じているのだろうか。

介護場面では、自立の危機にある介護される側の高齢者は、人間としての対等性を前提として他者と関わろうとしても、それが叶わないことによって苦しみが生じる。このような事情は、夫婦や親子といった通常の家族関係でも同様に生じる（佐藤 2005b）。Wilhelm and Parker（1988）は、夫婦や親子などの家族関係をはじめ、恋人関係、友人関係、師弟関係、上司－部下関係など人間関係一般における親密さは、ケア（care）とコントロール

（control）の2側面からの説明が可能と考えた。

ケアとは、相手を心配し、世話をすることを表しており、情緒的側面にも物質的側面にも関連する概念である。子どもの養育や他者への援助を含み、暖かみ、考慮、愛情、友情などを背景とする行動を意味している。一方のコントロールは、相手に対する支配、管理、監督、制限、抑制、批判、強制、束縛、拘束などに関連する行動の背後にある心理的機制である。

介護の訳語であるケアは、文字通り自立が脅かされている相手への心配や愛情を心理的基礎として世話をすることである。しかし、そこには同時に、相手を拘束し、束縛する行為となる可能性とそれに伴う支配や強制という心理機制が働いてしまう可能性が併存しているということを見逃してはならないであろう。同じ行為であっても、相手がそれを愛情のある世話と認識するか、自由を奪う束縛と感じるかは、両者の関係性の質そのものを示しているといえよう。

社会心理学の立場から衡平理論を提唱したWalster et al.（1978）は、対人関係において不均衡な関係であるということは苦痛であり、人はその苦痛を取り除くように動機づけられるということを明らかにした。つまり、人間関係における社会的交換という観点からみると、何らかの援助や報酬を提供された側は、その提供者との対等な関係性を保持するために対価に見合った返報を動機づけられるということを意味している。

この理論を介護場面に適用してみると、介護者から「ケア」を受ける高齢者は、対等な人間関係を維持するためには、受け取った報酬に見合う対価を返報したいと動機づけられることになる。しかし、愛情や思いやりを基礎にする「ケア」に対して、その対価として軽度であっても認知症の高齢者が妥当な返報をすることは困難であろう。したがって、認知症に限らず介護施設や在宅で介護を受ける高齢者の多くは、介護に伴う愛情や思いやりに対する返報が叶わず、苦痛を感じているものと推定される。

返報が不可能な状態でいると、相手の親密さを受容することに対する抵抗感が生じる。この抵抗感を衡平理論では「心理的負債感」と呼んでいる。つまり、ギブ・アンド・テイクの対等な関係が崩れ、心理的な借りを背負ってしまった感じ、すなわち心理的負債感が高まり、親密な関係性そのものに苦痛を感じるようになるのである。

介護は愛情や思いやりを基礎とする「ケア」であるからこそ、そこに対等な人間関係を損なう危険性が潜んでいる。返報の可能性がないと感じてしまった被介護者である高齢者は、「ケア」であるはずの行為にも心理的な苦痛を感じるようになり、それを「コントロール」つまり自分の自由を奪う支配と感じるようになる。しかもそれに抵抗することができず服従せざるを得ない状況に自らを追い込み、さまざまな感情を抑制するばかりでなく、孤独やうつ的状態に陥る者もある。

一方で、介護する側も返報を期待できないために、介護を続けることに対する抵抗感が生じることがある。被介護者に対する愛情や思いやりが報われないと感じながら、自分の善意を否定できずに介護に燃え尽きる者もあれば、「ケア」であったはずの行為がいつしか相手を支配し、服従させることに喜びを見出している自分に気づいて罪悪感にさいなまれる者、さらにはそれにも気づかず虐待に至ってしまう者さえある。結局、介護者、被介護者ともに「ケア」を前提とした人間関係であるはずの介護が、互いが互いの束縛に抵抗できずに「コントロール」されていると感じてしまう関係に陥ってしまう危険性が、介護場面には潜んでいるのである。

言葉がすれ違う苦しみ

認知症の人、特にアルツハイマー型認知症の人は、エピソード記憶の著しい低下により最近体験したことが憶えられない。したがって、最近の話題、例えばニュースや出会った人、行った場所などについての何気ない会話をすることが困難である。この点について、我々はテレノイドという遠隔操作対話型ロボット（ATR 石黒特別研究所作製、図 2 参照）を使用して、グループホームに居住する中等度のアルツハイマー型認知症高齢者と学生との対話を収集し、検討した。当初は、学生が最近の出来事、例えば「お昼ご飯は何を食べましたか？」、あるいは「先日のお正月はご自宅に帰られましたか？」などを質問しても、認知症の対象者はまったく答えることができず、両者の会話が進まない状況であった。

しかし、こうした会話の特徴を体験した学生は、最近の出来事ではなく、認知症の対象者の若い頃や子どもの頃のことを尋ね、答えが返ってきた話題に基づいて会話を継続させるようになった（Kuwamura, et al. 2016）。

この例のように、認知症の人の会話には健常者とは異なる特徴がある。

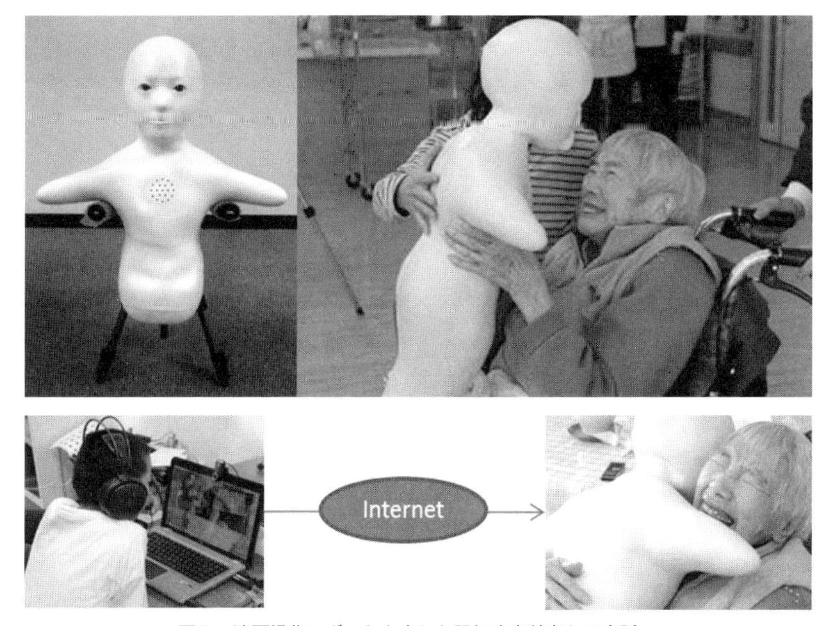

図２　遠隔操作ロボットを介した認知症高齢者との会話
（ATR 国際電気通信基礎技術研究所・石黒特別研究所）

DSM-5 では、認知症（neurocognitive disorder）の認知機能の診断内容として新たに加えられた社会的認知（social cognition）の例として心の理論（theory of mind）が挙げられている。すなわち、認知症の人には非言語的コミュニケーション機能の低下も同時に認められ、彼らとの会話は一層困難になると考えられている。

認知症の人との会話の困難さは、高齢者介護施設に暮らす認知症の人と介護職員の間に日常的な会話がほとんど見られないことを示す研究からも明らかである。Mallidou et al.（2013）は、高齢者福祉施設の介護職員の日常業務を分析したところ、清潔（シャワー浴）、排泄、食事などの介助労働が約 60% を占めており、その他は書類事務や介助の準備に多くの時間を費やしていて、施設利用者との会話は全業務量の 1% 程度に過ぎないことを示した。我が国における事情も、ケアプランに従う業務優先の介護環境においては同様で、認知症の利用者との関係性を高めるための何気ない会話を増やすことは意識的な工夫がなければ難しいであろう。

日常会話式認知機能評価会話マニュアルの利用

従来の認知症の早期発見のためのスクリーニング検査の多くは、被検査者の認知機能の能力を試すテスト形式で実施される。スクリーニング検査なので、当然のことながら、認知症の人ばかりではなく、軽度認知障害（MCI）や健常範囲内の人も被検査者となる。Lai et al.（2008）は、代表的なスクリーニング検査であるMMSE（Mini Mental State Examination）を実施した際に受ける被検査者の精神的な苦痛を調べたところ、健常範囲内の人では53%が苦痛無しと答えていたが、認知症の人では苦痛無しは30%にとどまっており、認知症の人の多くがMMSEを受けることで苦痛を感じているばかりか、健常範囲の人でも半数近くは苦痛を感じていた。

一方、こうしたネガティブな感情を惹起することによる治療関係への影響を懸念し、検査を実施することに抵抗を感じる医療関係者もいる（Cahill et al. 2008）。

そこで、我々は、認知機能検査をせずに、日常的な会話内容を判定することで、認知症に関連する認知機能の低下を評価する方法を開発することにした。詳細は他に譲るが、表1に示すように、最終的に5領域15項目から構成される日常会話式認知機能評価（Conversational Assessment of Neurocognitive Dysfunction: CANDy）が完成した（大庭他 2017: Oba, et al. 2018）。

この開発過程で、前述したように認知症の人は介護者や家族、周囲の人々と日常会話をすることが非常に少ないことが明らかとなったため、CANDyを実施する際に参考にする会話マニュアルの利用を勧めている（http://cocolomi.net/candy/）。福祉施設において、認知機能水準を調べることは業務の一環であるため、CANDyの測定を目的として介護職員が認知症の人と会話をする時間を持つことが業務として可能になるからである。介護職員が認知症の人の会話の特徴を知り、認知症の人との日常的な会話技術が向上することで会話の意義を感じるようになり、介護の重要な業務の一つとしてのコミュニケーション量が増加することによって、認知症の人の孤独感の低減につながることを期待している。

表1　日常会話式認知機能評価
Conversational Assessment of Neurocognitive Dysfunction: CANDy

<table>
<tr><td colspan="3">※評価は30分以上の会話を想定して行ってください。複数回の会話時間の合計が30分以上でも構いません。会話経験が多い場合は印象による評価も可能です。
頻度の目安
見られことがある・・・1～2回、もしくは注意深く聞くと気づくことがある
よく見られる　・・・3回以上、もしくは会話するたびに見られる、この特徴のために、会話の流れが頻繁に途切れる</td><td rowspan="2">全く見られない</td><td rowspan="2">見られることがある</td><td rowspan="2">よく見られる</td></tr>
<tr><td>項目番号</td><td>分類番号</td><td>評価項目</td></tr>
<tr><td>1</td><td>1–1</td><td>会話中に同じことを繰り返し質問してくる
（物忘れの有無や程度の評価）</td><td>0</td><td>1</td><td>2</td></tr>
<tr><td>2</td><td>1–2</td><td>話している相手に対する理解が曖昧である
（人物の認識の評価）</td><td>0</td><td>1</td><td>2</td></tr>
<tr><td>3</td><td>1–3</td><td>どのような話をしても関心を示さない
（物事への関心の評価）</td><td>0</td><td>1</td><td>2</td></tr>
<tr><td>4</td><td>2–1</td><td>会話の内容に広がりがない
（思考の生産性や柔軟性の評価）</td><td>0</td><td>1</td><td>2</td></tr>
<tr><td>5</td><td>2–2</td><td>質問をしても答えられず、ごまかしたり、はぐらかしたりする
（取り繕いの有無や程度の評価）</td><td>0</td><td>1</td><td>2</td></tr>
<tr><td>6</td><td>2–3</td><td>話が続かない
（注意の持続力の評価）</td><td>0</td><td>1</td><td>2</td></tr>
<tr><td>7</td><td>3–1</td><td>話を早く終わらせたいような印象を受ける
（会話に対する意欲の評価）</td><td>0</td><td>1</td><td>2</td></tr>
<tr><td>8</td><td>3–2</td><td>会話の内容が漠然としていて具体性がない
（会話の表現力の評価）</td><td>0</td><td>1</td><td>2</td></tr>
<tr><td>9</td><td>3–3</td><td>平易な言葉に言い換えて話さないと伝わらないことがある
（言葉の意味理解の評価）</td><td>0</td><td>1</td><td>2</td></tr>
<tr><td>10</td><td>4–1</td><td>話がまわりくどい
（論理的に話をする力の評価）</td><td>0</td><td>1</td><td>2</td></tr>
<tr><td>11</td><td>4–2</td><td>最近の時事ニュースの話題を理解していない
（社会的な出来事の記憶や関心の有無の評価）</td><td>0</td><td>1</td><td>2</td></tr>
<tr><td>12</td><td>4–3</td><td>今の時間（時刻）や日付、季節などがわかっていない
（時間の流れの理解の評価）</td><td>0</td><td>1</td><td>2</td></tr>
<tr><td>13</td><td>5–1</td><td>先の予定がわからない
（予定に関する記憶の評価）</td><td>0</td><td>1</td><td>2</td></tr>
<tr><td>14</td><td>5–2</td><td>会話量に比べて情報量が少ない
（語彙力や言葉の検索能力の評価）</td><td>0</td><td>1</td><td>2</td></tr>
<tr><td>15</td><td>5–3</td><td>話がどんどんそれて、違う話になってしまう
（話の内容を整理する力の評価）</td><td>0</td><td>1</td><td>2</td></tr>
<tr><td colspan="3">合計得点（6点以上で認知症の疑い有り）</td><td colspan="3"></td></tr>
</table>

現実がすれ違う苦しみ

記憶障害は、認知症の中核症状であり、アルツハイマー型認知症では最も早くから現れる行動・心理症状（BPSD）の背景要因でもある。通常の老化に伴う記憶障害は、思い出せない、つまり想起ができない状態なのに対して、認知症の記憶障害は覚えられない、つまり記銘ができない状態といえる。

とはいえ、認知症でも保持されている記憶を想起できない、という状態はある。ただ、健常な人は、そのようなときに「喉まで出かかっている（Tip of the Tongue: TOT)」という感覚があるのに対して、認知症の人にはそのような感覚（メタ記憶）の無いことも多い。自分はそれを「知っているはず」と自覚することも、「思い出す」ことも、共に脳内の側頭葉内側部、特に海馬とその周辺部の働きと考えられるのだが、「知っているはず」という自覚は海馬が活動してさえいれば生じるが、「思い出す」には海馬を特別に働かせる必要がある。したがって、健常者でも加齢によって多少なりとも海馬の働きが弱ってくると、頻繁に「喉まで出かかっている」という体験をする。しかし、症状が進行して海馬の機能がさらに弱っている認知症の人は、「喉まで出かかっている」状態、つまり思い出す直前の状態にまで海馬の働きを高めることができないので、健常者のように喉まで出かかっているのに出てこないというジレンマも無くなってくるようである。

また、記憶の認知モデルでは「符号化→貯蔵→検索」と、「検索」が学習モデル（記銘→保持→想起）の「想起」に相当するが、認知症ではその場に相応しい適切な検索ができない、という問題も生じる。

通常の老化でも検索機能は低下する。そのため、検索の速度が遅くなるなどして「なかなか思い出せない」ということが起こるわけであるが、不適切な検索をしてしまうというようなことはない。たとえば、図3（佐藤 2012）の絵を提示して「これは何の絵でしょうか？」という質問をすると、日本人の健常高齢者であれば間違いなく「お正月の絵」と答えることができる。アルツハイマー型認知症の人でも軽度であれば「お正月の絵」と答えられることも多い。しかし、認知症が少し進んでくると、箪笥の上にいる猫に気を取られて「猫だ！」と言ったり、男の子を自分の息子と勘違いして、息子の名前を呼んだりする人がいる。神経学的には同時失認と呼ばれる右半球機能の

図３　正月の絵
注:「これは何の絵でしょうか？」という質問に対して、認知症の進展とともに「正月」という回答ができなくなり、部分的な対象にこだわった絵の説明をするようになる。

損傷がその原因の一つと考えられるが、心理学的には、「この絵は何を表しているか」という問いかけに対して、適切な検索がなされていないからと考えられる。

では、なぜ適切な検索がなされないかといえば、一つには、絵の中の情報が多すぎるということが考えられる。認知症によって注意分割機能が低下し、多くの情報を一度に処理することができないために、猫や男の子といった、自分の興味を強く引くものにだけに意識を集中させてしまうのであろう。

さらに、多くの情報を関連づけて抽象化することができない、ということも関係している。一つひとつは、日めくりカレンダーの１月１日や鏡餅やおせち料理だとわかっても、それらがまとまってあるのは正月だという、抽象度の高い判断ができないためである。認知症のスクリーニング検査には、「野菜の名前を思いつくだけ言ってください」というような問いがあるが、これも同様に、野菜という抽象概念に関連付けられて貯蔵（保持）されているはずのタマネギやジャガイモやトマトという個々の作物の名前を、野菜という抽象概念にアクセスして検索（想起）できるかどうかを調べているのである。

また、認知症の人には、全体を一つのまとまりとして見ることができない、という特徴もある。私たちは、人の顔を一つのまとまりとして捉えたり、音楽を一つのまとまりとしてとらえたりすることができるが、認知症では進行に伴ってそれが困難になる。これを「ゲシュタルトの崩壊」と呼ぶ。

ゲシュタルトの崩壊が起こると、絵の意味がわからなくなったり、人の顔がわからなくなったり、音楽が雑音に聞こえてしまったりする。図4（佐藤2012）は、ゲシュタルトの崩壊を調べる検査の例で、利き手に問題のない血管性認知症の人が書いたものである。左側にある抽象図形を見ながら書き写してもらうのだが、図形のまとまり、すなわち全体像を把握できないことがわかる。また、余計なものを書き加えてしまっている。認知症の原因疾患の違いによって異なる描き方をする傾向もあったが、症状が進むとこの検査ができなくなる認知症の人が増えてくる。

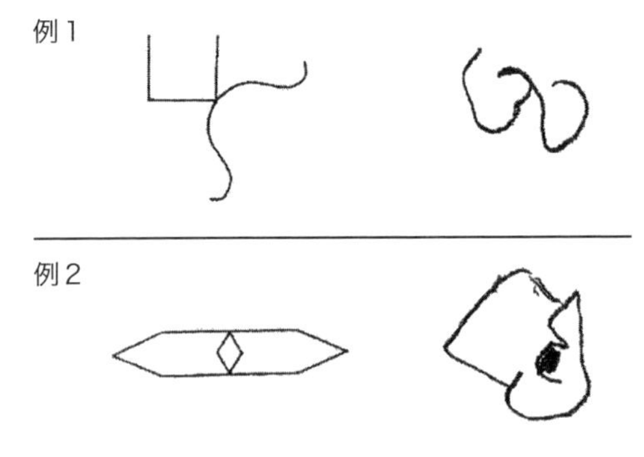

図4　ゲシュタルトの崩壊
注：左図を見ながら模写するベンダー・ゲシュタルト・テストの例。認知症の人は、図形のまとまりを理解することができないため、うまく模写できずに右絵のようになってしまう。

レビー小体型認知症は、比較的新しく認知症と認識されるようになった疾患である（小阪／尾崎 2012）が、他の認知症に比べて初期には記憶障害が目立たない、症状の悪い時と良い時という変化がある、パーキンソン病のような身体運動機能の特徴がある、自律神経機能の低下があるなど、他の認知症とは異なる症状がみられる。中でも特徴的なのが幻視で、実際には無いものが見えたり、壁や天井の細かな模様が虫に見えて、それが動き始めたりすると訴えることがある。レビー小体型認知症の幻視は比較的軽度の人でも現れるため、そのような人が監修したバーチャル・リアリティ映像で健常者でも体験することができるが、極めてリアルな幻視であることに驚くと共に、このような幻視があることでレビー小体型認知症の人はどれほどの恐怖を抱いているのかと考えざるをえない。

以上の例から、認知症の人は五官から入力された外界の情報を健常者とは異なって認知をしていることがわかる。ここでは視覚情報に関して検討してきたが、聴覚や味覚なども認知症の人は健常者とは異なって感じている事例が多数報告されている。これらの例のように、認知症の人とその介護者のそれぞれの現実がすれ違ってしまうことが、介護を一層難しくしているのである。認知症の人の現実認識の特徴を知ることがより良いケアに結びつくものと思われる。

おわりに

介護者は、認知症の人の現実認識機能が低下するにつれて介護者を含む周囲の人たちとの認知的なすれ違いが増加するため、対応に苦慮している。一方で、認知症の人も周囲の人の現実認識が自分の認識とは異なっていることに苦悩しているのである。認知症の人と介護する人の互いの苦しみはここに挙げた例にとどまらないが、そうした苦悩を低減させるためには、介護者との言語的および非言語的コミュニケーションを通じた関係性を好循環させ、認知症の人の well-being を高めることが重要であろう。これまでに実施してきた事例検討と心理学的実験および調査に基づいて考えると、認知症の人とのコミュニケーションが認知症ケアの鍵を握っているのではないかと予想している。

文 献

American Psychiatric Association 2013: *Diagnostic and Statistical Manual of Mental Disorders, Fifth Edition (DSM-5)*, Washington, DC: American Psychiatric Association Publishing (米国精神医学会　2014、『DSM-5　精神疾患の分類と診断の手引き』日本精神神経学会（監修）、医学書院).

Cahill, S. et al. 2008: “The attitudes and practices of general practitioners regarding dementia diagnosis in Ireland,” *International Journal of Geriatric Psychiatry*, 23, 663–669.

Kuwamura, K. et al. 2016: “Can we talk through a robot as if face-to-face? Long-term fieldwork using teleoperated robot for seniors with Alzheimer’s disease,” *Frontiers in Psychology*, 7: doi.org/10.3389/fpsyg.2016.01066

Lai, J. M. et al. 2008: “Self-reported distress after cognitive testing in patients with Alzheimer’s disease,” *Journal of Gerontology Medical Sciences*, 63A, 855–859.

Mallidou, A. A. et al. 2013: “Health care aides use of time in a residential long-term care unit: a time and motion study,” *International Journal of Nursing Studies*, 50, 1229–1239.

Oba, H. et al. 2018: “Conversational assessment of cognitive dysfunction among residents living in long-term care facilities,” *International Psychogeriatrics*, 30, 87–94. doi.org/10.1017/S1041610217001740.

Walster, E. et al. 1978: *Equity: Theory and Research*, Boston: Allyn & Bacon.

Wilhelm, K. and Parker, G. 1988: “The development of a measure of intimate bonds,” *Psychological Medicine*, 18, 225–234.

朝田隆　2011：厚生労働科学研究費補助金（認知症対策総合研究事業）「認知症の実態把握に向けた総合的研究」平成 21 年度～平成 22 年度総合研究報告書。

朝田隆　2013：厚生労働科学研究費補助金（認知症対策総合研究事業）「都市部における認知症の有病率と認知症の生活機能障害への対応」平成 23 年度～平成 24 年度総合研究報告書。

大庭輝他　2017：「日常会話式認知機能評価（Conversational Assessment of Neuro-cognitive Dysfunction; CANDy）の開発と信頼性・妥当性の検討」『老年精神医学雑誌』28、379–388。

キットウッド、トム　2017：『認知症のパーソンセンタードケア：新しいケアの文化へ』高橋誠一（訳）、クリエイツかもがわ（Kitwood, T. 1997: *Dementia Reconsidered*, Maidenhead, UK: Open International Publishing Limited）。

厚生労働省　2022.11.1. アクセス：「地域包括システム」https://www.mhlw.go.jp/stf/seisakunitsuite/bunya/hukushi_kaigo/kaigo_koureisha/chiiki-houkatsu/

小阪憲司／尾崎純郎　2012：『第二の認知症：増えるレビー小体型認知症の今』紀伊國屋書店。

佐藤眞一（監修）　1997：『在宅福祉研究会報告書』埼玉県吹上町社会福祉協議会。

佐藤眞一　2005a：「パーソナルケア（施設版）：問題解決型高齢者ケアの方法」『明治学院大学心理学部付属研究所紀要』3、15–25。

佐藤眞一　2005b：「老年期の家族と介護」『老年精神医学雑誌』16、1409–1418。

佐藤眞一（編）　2006：『事例のまとめ方と発表のポイント』中央法規出版。

佐藤眞一　2012：『認知症「不可解な行動」には理由がある』ソフトバンク新書。

佐藤眞一　2018：『認知症の人の心の中はどうなっているのか？』光文社新書。

佐藤眞一　2021：「認知症ケアにおいて大切なこと：老年心理学からのアプローチ」日本心理学会（監修）岩原昭彦他（編）『認知症に心理学ができること：医療とケアを向上させるために』誠信書房、95–110。

日本神経学会（監修）　2017：『認知症疾患診療ガイドライン 2017』医学書院。

二宮利治　2015：厚生労働科学研究費補助金（厚生労働科学特別研究事業）「日本における認知症の高齢者人口の将来推計に関する研究」平成 26 年度総括・分担研究報告書。

ミラー、エドガー／モリス、ロジャー　2001：『痴呆の心理学入門』佐藤眞一（訳）、中央法規出版（Miller, E. and Morris, R. 1993: *The Psychology and Dementia*, Oxford: John Wiley & Sons）。

The Psychology of Dementia:
The Mental World of People with Dementia

by SATO Shinichi

In this paper, I examine the suffering of people with dementia and their caregivers. I begin by explaining basic matters such as the prevalence of dementia, types and epidemiology of dementia, and the diagnostic criteria for cognitive functions. These are based on cases observed in Japan, which has the world's oldest population. Next, based on a theory of care and control in caregiving, I examine two case studies where the caregiver and care recipient suffered as their minds misunderstood each other. After this, I examine the characteristics of the conversations of people with dementia, which were revealed through conversation experiments using a teleoperated robot, "Telenoid," that show the suffering of misunderstanding due to different communication styles. I also suggest that incorporating our newly created Conversational Assessment of Neurocognitive Dysfunction (CANDy) measure into caregiving tasks may facilitate conversations between people with dementia and their caregivers. Finally, based on experiments that used pictures of some situations and abstract figures, I show the characteristics of visual perception of the external world among people with dementia, and examine the problem of experiencing reality differently between people with dementia and their caregivers.

〈論文〉

意思決定能力を欠くと判断される人にとっての「よい選択」について考える

——認知症の場合の事前指示の有効性をめぐる議論から——

日笠 晴香

はじめに

ある程度進行した認知症の状態のように、医療ケアを受ける人自身が意思決定能力を持たないと判断される場合がある。そのように判断されるのは、機能的な障害などによって、情報を十分に理解したり、記憶したり、合理的に推論したりすることが困難であるなどのためである。しかし、意思決定能力を持たないと判断されても、依然として何らかの表明が可能であり、さまざまな能力を保持していて、必ずしも末期の病気であったり死が迫っていたりするのではない場合がある。このような場合に、医療ケアを受ける本人にとって「よい選択」をするには、どのような理由や根拠に基づいた意思決定を行う必要があるのかは、現在も重要な課題であり続けている。

この問題をめぐっては、従来から認知症などの場合に関する議論が展開されてきた。その際に念頭に置かれる事例として、例えば認知症の「マーゴ」の事例がある[1)]。マーゴとは、医学生ファーリックが出会った認知症患者であり、ファーリックは、マーゴとの出来事を次のように報告している。

> アパートでは、マーゴのジャマイカ人介護者ルイーズが、私を笑顔で迎えてくれる。おそらく私の訪問は、彼女が仕事から解放される合図なのだろう。ルイーズがドアを開けるには数分かかる。なぜなら、マーゴが夜中に徘徊しないように、アパートのドアにたくさんの鍵やチェーンがつけられているからだ。これらの鍵が取り付けられる前には、しばしばマーゴは、自分自身で街を探索するという無理からぬ欲求を満たしたものであった。〔中略〕マーゴは、彼女自身の安全のために部屋に閉じ込められているということを理解しているのだろうか。

時々、私がマーゴを訪ねるとき、彼女は昼寝から目を覚ましていた。もしくは、彼女はベッド付近の床の上で静かに読書をしていた。ミステリー小説を読んでいると彼女は言うが、彼女の読んでいる本のページが毎日あちこちに飛んでいることに私は気づいていた。〔中略〕おそらくマーゴは、ただ座って、ハミングしながら前後にゆっくり椅子を揺らし、気ままに居眠りをし、ときどき本の新しい頁をめくることが気持ちよかったのだろう。ある日には、マーゴがほとんど裸同然で服の山のなかに立って、化粧品を試しながらメイクをしているのに出くわした。彼女は私に気付くと、働きに行く準備をしている、と真剣に説明したのである。そこで私は、ある意味では、彼女の心の文脈においては、実際にそうだったと思っている。

〔中略〕マーゴは、同じ曲を何度でも同じように夢中になって聴くことができた。「エブリィタイム・ウィ・セイ・グッバイ」という曲を聴くときはいつでも、亡くなった夫を思い出すと彼女は微笑みながら私に教えてくれたものである。彼女は、自分が健康だったときにどのようであったかを覚えているであろうか。

マーゴは私のことを名前で呼んだことがない。彼女が単に次の日には忘れているのか、全く私のことを覚えていないのか、などといったことを考えたこともなかった。もし私が彼女にたずねれば、私が誰か知っていると答えるだろう。しかしそれは彼女の気遣いからだろう。おそらく私は「私を覚えて欲しい」という風に見えるのだろう。

しかし彼女が実際に私のことを知らないのだとしても、私に会うことをいつも喜んでくれていた。私が良い話をもってくるか悪い話をもってくるかどうか、あるいは私が話す価値があるかそれともつまらないのかどうか、といった一般的な感覚を少なくとも持ち合わせているかのように、上品に丁寧に私を迎えてくれたのである。

〔中略〕マーゴは病気にもかかわらず、あるいはおそらくある程度は病気のゆえに、私が知っている人の中でも間違いなく最も幸福な人の一人である。彼女の心は変性しつつあって、そこになにか麗しいものがあって、それによって彼女の心は自由でいつも元気なのである。〔中略〕マーゴはどのようにして自己についての感覚を持ち続けているのだろうか。古い記憶が急速に薄れるにつれて、人がもはや新しい記憶を蓄積できない場合に、何が残るというのだろうか。マーゴは誰なのか。
ある日、マーゴは一緒に学校に行くよう私に言った。学校だって？ルイーズが私に、マーゴは病気になってからの数年、学校に参加しているのだと説明し、次の朝一緒に行くよう提案してくれた。「学校」というのは、Yという所で、アルツハイマー病患者のための絵画療法グループであることがわかった。そのクラスは、参加者が描きたいと思うものを何でも描くという、単純なものだった。
皮肉なことに、それらのアルツハイマー病の人々は、あらゆる経験をそのつど新たにし直し、きまって同じ絵を毎日描くのであった。記憶が消失することで、自分の名前を書いたりどこに自分がいるのかを述べたりする能力がしばしばなくなったとしても、彼らは絵を描くことで自分の環境において依然として、ある一貫性（a constancy）を表現することができるのである。事態が変化し始める病気の最終段階になるまで、つまり、ちょうど死の直前まで、できあがる作品はほとんど変わることはない。
〔中略〕〔そのクラスの講師は〕何年にもわたって自分のクラスから集めた作品群を見せてくれた。その中の一つが私にはとても興味深かった。なんとなく親しみのあるもので、一つの円のなかに別の円が描き込まれるという仕方で、〔全部で〕四つの円がやわらかい色彩で描かれていた。すぐに思わず言ってしまった。「これはマーゴの絵ではないか」と。私にはその絵にマーゴが見えた。彼女の平和な認知症の状態で、素朴な、満足そうな、微笑んでいるマーゴが。私は全てがはっきりわかった気がしたのだ。彼女が描くとすればまさにこの絵がそれであろう。〔中略〕マーゴは彼女のアイデンティティを持ち続けていた。彼女の心はその絵の中にある。マーゴは他人を自分の内側に引き込む仕方を持っている。私にはわかった。誰がそんな彼女に見切りをつけられようか。
講師は、私が突然叫んだことに全く驚くことなく次のように答えた。「そう、これは私たちがマーゴのロゴと呼んでいるものです。――彼女はそれを熱心に毎日描くのです、ここ五年間、まったく同じ仕方で。」（Firlik 1991, 201）

この事例のマーゴのように、ある程度認知症が進行し、十分な意思決定能力を現在は持たないと判断されるが、他のさまざまな能力を保持しており、苦痛を感じているようには見えず、生を享受して満足そうに見える場合が、特に議論の焦点になってきた。このマーゴのような人が、かつて意思決定能力を有した時点で、「認知症になり意思決定能力を失った後には、生命を維持するようないかなる医療的処置も望まない」ことを明確に意思決定して表明していたとする。そして認知症が進行した後に、生命に関わる肺炎のような感染症に罹ったとする。その際に、抗生物質の投与は、比較的簡単で本人にとっての負担が少なく、生命を維持する可能性が高いと考えられる。この場合に、本人のかつての意思決定能力を有した時点での明確な意思決定に従うことと、現在の生を享受しているように見える本人の利益を守ることと、どちらを優先することが本人にとってよい選択であると考えられるかが、倫理的に困難な問題となるのである[2)]。

本稿では、マーゴのような認知症の状態を念頭に置きつつ、改めて二つの対立する立場の主張[3)]を検討することを通して、本人にとってよい選択をどのように考える必要があるかを考察したい。

1. 問題の背景——意思決定能力を有する人の「自律の尊重」と意思決定能力を欠く人の意思決定に関する代理決定基準

一般的に、医療ケアを受ける本人が意思決定能力を有する場合に、本人の「自律の尊重」は医療ケアの方針決定における重要な原則の一つになっている。自律という言葉は、個人に適用される際には、もともとは自分で自分を統治できている、自己管理できている状態を指すが、自律の正確な意味や必要条件についての共通理解が確立しているわけではない (Beauchamp and Childress 2019, 99–100)。

例えば、生命倫理学における主要な自律理論の一つによれば、自律とは、自身の一次的な選好（preference）や欲求や希望などを批判的に反省する二次的能力であり、また、それらの一次的な選好などを、より高次の選好や価値に照らして受容したり変化させようとしたりする能力である。つまり、自律とは、例えば怒りや食べたいといった、より単純な欲求や選好などに従って行動するか否かを、自分にとってより重要な価値に照らして判断する能力である。そして、人は、自律の能力を発揮することによって、自身の本性を規定し、自身の生に意味と一貫性を与える[4)]。

このように、自分にとって重要な価値や選好に照らして判断する能力や、そのようにして他人のとは区別される自分自身の意味ある一貫した生を形成することを尊重する考え方は、意思決定に関する議論において、ある部分では広範に受け入れられている考え方であるとも言える[5)]。

意思決定能力を有する人の場合には、自律が尊重される。しかし、意思決定能力を欠く人の場合には、本人はもはや自律的な意思決定ができないと判断され、本人に代わって他の人が意思決定を行う「代理決定」が検討される。代理決定では、本人に代わって決定する人や代理人は、代理決定の基準に従って決定することが求められる。ただし、自律の尊重という観点からは、いまや意思決定能力を欠く人に関しても、かつて意思決定能力を有した時点でその人が持っていた価値や選好が重視される（Beauchamp and Childress 2019, 139–140）。

このような考え方に基づいて、一般的な代理決定の基準によれば[6)]、代理決定者は、第一に、事前の意思決定に従う。すなわち、本人が意思決定能力を有していた時点で明確に表明していた医療ケアに関する事前の自律的な意思決定や事前指示（advance directives）[7)] に従った選択をする。このような本人のかつての自律的な判断は、しばしば「先行する自律（precedent autonomy）」と呼ばれる（Beauchamp and Childress 2019, 140）。

このような事前の明確な意思決定がなかったり、わからなかったりする場合には、第二に、代理判断を行う。つまり、本人が意思決定能力を有していた時点での価値や考え方に基づいて、本人がもし今の状況で意思決定できたならば選択したであろう選択をする。

これらの二つの基準は、本人が意思決定能力を有した時点での意思決定や考え方などに関する十分な情報がある場合にのみ、適用が可能である。そこで、そのような情報が十分ではない場合には、第三に、最善の利益（best interests）[8)] に基づいて決定する。すなわち、本人の事前の意思決定や考え方などがわからないので、本人の現在から将来にかけての一般的・客観的に判断される利益と負担とを評価して、最も利益になると考えられる選択をする。

このように、意思決定能力を欠く人の代理決定においては、本人が意思決定能力を有した時点で表明していた意思決定や価値や考え方などが優先的に尊重される。このことは、本人が意思決定能力を有した時点での事前の意思決定や価値などを意思決定能力を欠くようになった後にも尊重でき、そうすることで、本人がどう生きたいと考えたかを最期まで尊重できる可能性がある点からは、重要であると考えられよう。また、少なくとも、現時点で意思決定能力を欠くという理由だけで、他人によって一方的に決定されることは許容できないことからも、重要な意味があると言える。

しかし、このような代理決定基準に単純に従うならば、特に、本稿の冒頭で取りあげたマーゴのような認知症の人の場合に、困難な問題が生じる。というのも、例えば、意思決定能力を有した時点で事前に表明した意思決定を尊重することは、もともと遷延性意識障害や終末期の疾患を念頭に置いたものであり、意識があり意思決定能力を欠く患者の場合には、議論の余地がある（Dresser 2002）。さらに、認知症や他の不可逆的な神経学的障害のある人の場合には、事前に表明された意思決定が、現在の意思決定能力を欠く状態の患者の最善の利益と対立するように見える場合があり得る。その場合には、倫理的な問題を検討する場が必要である（Berlinger et al. 2013）。

これらの指摘のように、従来の代理決定基準は、もともと認知症のような場合を想定したものではない。マーゴの事例のような認知症の場合には、この基準に単純に従うならば、意思決定能力を有する時点で表明した意思決定に従った選択をすることが、現在の意思決定能力を欠く本人にとって利益であると関係者が判断するものを侵害することになりかねない。そのような場合に、では、どちらを優先すべきであるのかが、倫理的に困難な問題として残されており、主に対立する二つの立場からの議論が継続している。

この問題に関して、一方で、意思決定能力を有する時点で明確に示された事前の意思決定は厳密に尊重されるべきであると主張される。すなわち、認知症のマーゴが生を享受しているように見えるとしても、抗生物質の投与のような簡単な治療でさえなされるべきではないし、そうして生命が維持されず死に至ることがマーゴにとってよい選択であるという立場の主張である。他方で、そのような事前の意思決定よりも、現在の認知症のマーゴにとってよいと客観的に判断されるものや利益が優先されるべきであると主張される。つまり、現在の利益を侵害すると判断される場合には、事前の意思決定に従うことよりも現在の利益の方が優先されるべきであり、負担が少ない抗生物質の投与によって生命が維持されることがマーゴにとってよい選択であるという立場の主張である。

これら二つの立場から様々な論者の議論が継続している[9)]。本稿では、次にそれぞれの立場の主要な論者の主張を取りあげて検討する。

2. 事前の意思決定に従うことこそがよい選択であると考える立場

事前の意思決定に厳密に従うべきであると主張するR・ドゥオーキンは、その主張の前提として、マーゴのように現在は意思決定能力を欠く人の生を全体として捉える必要性を強調する。

> ほとんどの場合、不可逆的な無意識状態の人や対応能力を欠く（incompetent）人は、その状態に生まれたのではなく、その悲劇は、その人が真剣に送ってきた生の最後に横たわっている。我々は、彼にとって何が最善かを問うときに、彼の将来のみを評価して、彼の過去を無視しているのではない。我々は、劇の最終場面や詩の最終節がその創作全体に及ぼす影響を気にかけるように、彼の生の最終段階が全体としてのその生の性格に及ぼす影響を気にかけるのである。（Dworkin 1994, 199）

このように、意思決定能力を欠く状態である現在から将来にかけてのその人の生のみを考えるのではなく、これまでの過去を含めてその人の生を全体として捉えることで、認知症の人の意思決定のあり方をドゥオーキンは論じる。

ドゥオーキンによれば、人はどのように扱われるべきかということについて考えるためには、人が持つ二つの利害関心（interests）を理解する必要がある。二つの利害関心のうち、一方の経験的利害関心とは、例えば、好きな映画を観る、よいものを食べるといったことのように経験としてよいもの、あるいは、苦痛などのように経験として悪いものに関する利害関心である。これは、人がそれらを経験として楽しい、刺激的であるなどと感じるという事実に依存する。他方の批判的（critical）利害関心とは、単なる経験などではなく、友情や仕事の成功など、人々の生を真により満足なもの、生を全体としてよいものにするのに役立つと判断されるものに関する利害関心である。これらのうち、批判的利害関心の方が人にとってより重要である(Dworkin 1994, 201)。

本稿の1で言及したように、医療ケアの意思決定において自律の尊重は重要な原則の一つだと考えられている。ドゥオーキンは、医療ケアの意思決定において自律の権利が尊重される根拠を考察する。これによれば、自律の権利は、自らの送る生に関する重要な決定をする権利である。患者にはこのような自律の権利があり、まわりはそれを尊重すべきだと考えられる。この権利の根拠となっているのは、他人よりも本人が自身の利益になるものを知っているという見解ではなく、むしろ、選択をする主体の統合性（integrity）を強調する見解である。すなわち、自律が重要であるのは、人が送る生において、自分自身の価値や信念、そして経験的利害関心と同時に批判的利害関心といった特質を表現する能力に基づいて、自己創造を可能にするからである（Dworkin 1994, 224)。

マーゴのような認知症の人の場合には、本人は自律のための能力を現在は持たない。このとき、自律の権利の根拠が、自身の価値などに基づいて自己創造するという統合性であることをふまえるならば、過去の自律していた時点での希望が、現在の状態において尊重されなければならない。というのも、意思決定能力を有していた時点で事前指示をしていた場合には、それは、その人が送りたかったと望む生の全体的な形態に関する判断なのであり、自律によって尊重されるべき判断を明確に行っていたと考えられるからである（Dworkin 1994, 226)。そのため、本人の自律の権利を尊重するという観点からは、現在は自律の能力を持たないマーゴに関して、過去の自律が尊重され、自律的な判断に基づくマーゴの事前指示は尊重されるべきである。

さらに、ドゥオーキンは、マーゴのような認知症の人にとっての利益がどのように捉えられるかに関して、経験的利害関心と批判的利害関心の区別に基づいて論を展開する。「認知症の状態では、批判的利害関心はより重要ではなくなり、経験的利害関心がより重要になるので、前者を無視して後者に集中するのが適正な行為である」という主張に言及し、これに対してドゥオーキンは次のように主張する。

> 私が述べたように、認知症の人々は自らの批判的利害関心について意識しないが、しかし、それ以前のその人が対応能力を有していた（competent）ときに彼らは批判的利害関心について意識したというのは正しいので、我々は、批判的利害関心を持っていたということを無視したり、それはもはや重要ではないと考えたりすることはできない。遷延性意識障害患者は自らの批判的利害関心について意識しないが、しかし、そのことは彼らの運命を無視する正当な理由とはならないし、認知症患者の運命を無視する正当な理由ともならない。(Dworkin 1994, 232)

マーゴのような認知症の人は、現在、自分の生全体にとって重要な事柄に関する判断ができず、批判的利害関心を持つことができない。しかし、意思決定能力を有した時点でのその人の批判的利害関心は、生全体の質に関するものであるゆえに、現在の認知症の状態にも継続して有効であると考えられる。そのため、現在の本人が、自身の過去の批判的利害関心を意識していなかったとしても、過去の批判的利害関心が重視されるべきであり、批判的利害関心に基づいた事前指示は尊重されるべきである。また、現在の本人が経験的利害関心を持っていたとしても、人にとってより重要である本人の批判的利害関心に基づいた意思決定の方が優先される。つまり、現在の認知症のマーゴがいくら満足そうであっても、かつてのマーゴの批判的利害関心に基づいて表明された事前指示を尊重した意思決定を行う必要があるのである。

このように、ドゥオーキンの理論に従えば、自律の権利と批判的利害関心の優先性から、マーゴの事前指示に従った決定が認知症のマーゴにとってよい選択であるということになる。

このようなドゥオーキンの理論と同じく事前指示を尊重する立場から、事前指示に従った選択の範囲をより具体的に論じるものに、N・カンターの主張がある。

その主張は、意思決定能力を有する人の考え方や価値を尊重すべきだという前提に立っている。これによれば、私たちは、認知症の人の意思決定に関して、本人が意思決定能力を有した時点での考え方や価値を尊重しなければならない。例えば、アルツハイマー病に直面し、ある程度は諦めながら、進行する衰弱と闘い、残りの生から心地よさや利益を引き出そうと考える人は、そのような考え方が尊重されるべきである。しかし、そのようには考えない人もいるのであり、カンター自身もそのような考え方とは異なる見解を示す。

将来、認知症の状態での生が維持されることを望まず、認知症になった後の生がなるべく短く終わることを望む場合には、事前に明確に生命維持のための治療介入を拒否する旨の事前指示をしておくことが必要であり、その指示が尊重されるべきだとカンターは主張する（Cantor 2018, 17）。このとき、その人が、認知症の状態で苦痛を感じていなかったり、生から素朴な満足を得ていたり、事前指示をする動機となった耐え難い状態に関する考え方に執着していなかったりすることは関係ない。なぜなら、その人が認知症になった後の生がなるべく早く終わることを望むのは、認知症の状態で精神的な苦痛や苦悩を感じることが予想されるからではなく、認知機能が低下した状態が、自分にとって耐え難い屈辱だからである。それゆえ、事前指示をする人が、少なくとも将来の中等度の認知症の状態で満足しているかもしれないことを理解した上で、そのような状態を耐え難いほど尊厳を欠く状態であると考えるならば、医療的な介入を拒否して死に至ることを望む意思は尊重されるべきである。このように主張するカンターは、自身の生の軌跡を、尊厳についての自分自身の見解に沿ったものにしようとすることについて、次のように述べる。

> 人は、生涯をかけて身体、性格、人間関係を育み発展させることで、自身の生の物語を形成する特権を獲得してきたのであり、その物語には、引き続いて生じる対応能力を欠く人格の医療的な運命も含まれる。認知症やその他の変性疾患によって脅かされたとき、全体としての生の統合性を保とうとする（そして、遺された人の記憶を形成しようとする）人の決定は、よく理解され尊重される。（Cantor 2018, 22）

このようにカンターは、事前指示が尊重されるべき理由として、意思決定能力を欠く状態で経験することよりも、意思決定能力を有していた時点での本人の考え方や価値に沿った生の形成とそのための生き終わり方が重要であることを強調する。このような主張は、本稿の1で言及した自律理論における自律の能力による自身の生の形成という考え方や、R・ドゥオーキンの生全体の質に関連する批判的利害関心の優先性に関する考察と同様の観点を持つものだと言える。

カンターが自身の事前指示として提示している文言には、自分にとって耐え難いと考えられるような認知機能が低下した状態になった場合には、医療的な介入を拒否することを希望すると示されている。そのような耐え難い状態とは、「新聞などの文字や小切手帳などの金融記録を読み解くことができなくなる程度まで精神が衰えること」と定義される。そして、これは中等度の認知症の時点で自身の死を認めることになることであるとカンターは述べる。

意思決定能力を有する人が自身の生にとって耐え難いと考えるような意思決定能力を欠く状態では、事前指示に従った意思決定がなされるべきであるとカンターは主張する。ただし、事前指示に従って決定されるべきなのは、医療的な処置である。これには、治療的処置（curative measures）として、人工呼吸、透析、化学療法などの侵襲的な治療だけでなく、抗生物質、経管栄養、輸血、抗不整脈薬などの単純な医療介入も含まれる。このような医療的な処置を拒否することで、死が訪れることを希望することができる（Cantor 2018, 16–17）。

また、このような事前指示の範囲には、認知症の進行に伴って生じ得るさまざまな摂食障害の場合の人工栄養や水分補給（経管栄養）とともに、食事の介助（hand feeding）も含まれる。認知症が進行し、精神的・身体的に食事ができなくなった場合に、意思決定能力がある時点で本人がそのような衰えを耐え難いものとして、この段階で栄養と水分補給を控えるべきであると指示した場合には、チューブによるものでもスプーンによるものでも、栄養補給は控えられるべきである。ただし、食事の介助を停止した後の死に至る過程において、非人道的なほどの苦痛や負担を伴うかどうかは問題になる。そのため、食事の介助による栄養補給が行われないことで患者が興奮したり、苦痛を感じたりする場合には、二つの方法が考えられる。一つは、患者が進んで容易に受け入れられるものに限って栄養補給することである。しかし、この方法では、生を維持する期間が長くなる可能性がある。そこで、もう一つの方法として、カンター自身も希望する、患者の興奮や動揺を鎮めるための鎮静剤投与がある（Cantor 2018, 19–20）。

このようなカンターの主張は、医療的な介入に関する事前指示の法理論に基づいている。法理論の観点から、意思決定能力を有する人が医療サービスを拒否するという自律は認められており、その中には生命を維持し得る治療の拒否も含まれる。また、患者の自律の権利は、その人が意思決定能力を欠く状態になったことによって無効にされるものではない。自律の権利から、意思決定能力を欠く状態においては、その人の「先行する自律」あるいは「将来に関する自律（prospective autonomy）」が尊重される[10)]。つまり、意思決定能力を有する患者の自律の権利は、意思決定能力を欠く将来の状態にまで及ぶのであって、代理意思決定者は、現在は意思決定能力を欠く患者の事前指示を履行しなければならない[11)]。

医療的な処置に関しては事前指示に従って決定されるべきであるというカンターの理論は、認知症の人が経験する負担を全く考慮しないわけではない。意思決定能力を有する人が望む人生像と一致するような生の終わり方をするという権利は、非人道的な扱いの制限によって制約を受ける。そのため、事前指示によって差し控えることができ、差し控えるべきであるのは医療行為だけであり、基本的な身のまわりのケア（personal care）はこれには含まれない。つまり、暖かさや衛生を保ったり、苦痛がないようにしたりするような基本的なケアは、たとえそれを医療専門職者が行う場合であっても、認知症の人の人間性を尊重し、本質的な尊厳を尊重するために提供されなければならない（Cantor 2018, 18）。

このカンターの理論は、尊厳を保つための基本的な身のまわりのケアを確保する限りで、意思決定能力を欠く人の有する経験や生の維持よりも、意思決定能力を有する人の考え方や価値に沿った全体としての生の形成を重視するものである。この点で、経験的利害関心よりも批判的利害関心を重視し、後者に基づく意思決定を尊重するドゥオーキン理論と同じ優先順位が前提されている。カンターの理論に従えば、マーゴのような人に対して、生が終わる過程において基本的なケアが確保され、苦痛が緩和されるならば、生命を維持する医療処置を行わないことが許容されるし、そうされるべきであるということになる。

事前指示を尊重するこれらの理論に従うならば、認知症のマーゴにとってよい選択は、意思決定能力を有する時点での考え方や価値に基づいた事前指示に従い、苦痛の緩和や衛生が確保されている限り、抗生物質の投与などの治療を行わず、生を終わらせることである。

これまでに検討してきたドゥオーキンとカンターの理論は、ある面では私たちが一般に受け入れている部分があると言える。例えば、熟考した判断によって生全体を自分の観点から形成する自律の権利を尊重するということは、意思決定能力を有する人の医療ケアの選択において受け入れられている面があると考えられる。また、確かに、自分の生の終わりがどのようになるかを気にかけ、それができるだけ自分にとって重要だと考えられる価値に沿うことを希望する面が、私たちにはあるかもしれない。意思決定能力を有する人の自律の尊重の考え方のように、このような面は、確かに私たちの社会の中で重視されているところがあると言えよう。

しかし、これらの理論において、マーゴのような人に関して、そのような自律の権利や全体としての生を重視するという考えに基づき、意思決定能力を有する時点での意思決定に従って全て決定すべきであるという主張には疑問が残る。というのも、意思決定能力を欠く状態で生を送っている本人に関して、経験的な苦痛や基本的なケアについては考慮されるものの、本人が保持する他の様々な生の側面の重要性が考慮されていないと考えられるからである。この点に関しては、カンターの理論に対して批判的に主張を展開する、R・ドレッサーの理論を検討することで、より明確になると考えられる。

3. 現在の利益を優先することこそがよい選択であると考える立場

本稿の2で検討したカンターの主張に対して、ドレッサーは直接的に反論する。ただし、ドレッサーは、カンターの主張の三点には次のように同意を示す。第一に、認知症になることを楽しみにしている人はいない。第二に、多くの事前指示は、最善の利益基準に合致したケアを要求するものであるから、認知症ケアを決定するのに助けになることが多い。そして、第三に、認知症の最終段階では、主観的な生の質を大幅に低下させる障害を持つことになり、そのときには、快適さを保つ限りは、生命維持治療を実施しないことは患者がよい状態であること（well-being）をほとんど脅かさないだろう。このように前置きした上で、ドレッサーが明確にカンターに反論するのは、中等度の認知症の人のケアに対して事前指示が及ぼす効力に関する点である。

ドレッサーによれば、認知症ではない人が、認知症患者として受けるケアを決定することは、認知症患者としての関心（concerns）や利益をないがしろにしていることに他ならない。それゆえ、場合によっては、全ての生命維持治療を拒否したり要求したりする事前指示を無視すべきであり、それらの指示が認知症の人の現時点の利益を脅かすのであれば、医療ケア提供者はそれに従うように要求されるべきではない（Dresser 2018, 26）。

カンターは、自身の事前指示が有効になる時点として「新聞や小切手帳を理解できなくなる」状態を指定していた。ドレッサーによれば、このような状態は認知症の比較的初期に生じるものであり、そのような状態にある人でも、依然として人間関係を持ち、生を有意味で楽しいものにする活動に参与することができる。また、認知症の人は多くの場合、自身の変化した環境に適応し、時間の経過と共に、自身の生がどうあるべきかについて新たな選好を持つ傾向があり、事前指示の動機となった関心はもはやその人にとって重要ではない（Dresser 2018, 26）。

このような指摘からわかるのは、カンターが認知症の人の経験的な苦痛などのみを考慮していたのに対して、ドレッサーは、認知症の人の人間関係を持つ能力や生を意味あるものにする活動に参与する能力などを重視していることである。また、カンターは、認知症が進行した後に本人が素朴な喜びを感じているかどうかは問題ではないと論じていた。これに対して、ドレッサーは、意思決定能力を有する時点では耐え難いと考えた認知症の状態において、事前指示をする動機となった関心は本人にとって重要ではなくなることを指摘する。そして、認知症の人は変化した状況に適応しながら、その状況での自身の新たな選好を持ち得ることを論じているのである。

ドレッサーは、認知症の人の医療ケアに関する事前指示の効力を制限することは正当化されると主張する。その主張は、事前指示のような将来の医療ケアに関する意思決定が持つ欠点と、障害をもって生きる人を尊重することについての考察に基づいている。

まず、意思決定能力を有する人が現時点で行う治療選択と、将来の意思決定能力を持たない状態に関して行う事前の治療選択とでは、その重要性は同等ではない。すなわち、事前の治療選択は、現時点で行われる治療選択ほどの効力を持つものではない。その理由としては、事前指示に含まれる指示では、患者の医療ケアに関して起こりうる全ての問題をカバーできないことや、事前指示に従って実際の意思決定をする際には、解釈の問題が避けられないことがある[12)](Dresser 2018, 27)。また、認知症に関する事前の治療選択は、認知症の人の生の質をよく理解しないまま偏見に基づいて行われることがある。認知症は、予想できないような影響を人に与える「変容する経験」であるために、十分な情報を得ている人でさえも見当違いの選択をしたりすることがあり得る。さらに、現時点で行われる治療選択は、その人の直近の状況に調和するものであるのに、事前の治療選択はそうではない。

> 意思決定能力のある患者は、新たな健康問題や生活環境に対応するために、自身の治療の選好を自由に修正することができる。事前指示によって患者のケアを完全にコントロールする原則は、認知症の人々から、自身の同時点での利害関心に沿ったケアを受ける機会を奪う。さらに、意思決定能力を有する患者が治療の意思決定において難しい取り引きをするとき、その選択による悪影響に直面するのはその人自身である。しかし、事前指示による悪影響は通常、以前の決定の理論的根拠をもはや認識することができない人によって感じられるのである。(Dresser 2018, 27)

意思決定能力を有する場合には、その人はそのときの状況や状態などに応じて常に希望や選択を変えることができ、その状況での自身の利害関心に即した医療ケアを受けることができる。しかし、意思決定能力を欠くという理由だけでそのような変化を意思決定に反映する可能性が奪われてしまうと、認知症の人が現時点での利害関心に即した医療ケアを受けることはできなくなってしまう。また、本稿の 2 で検討したように、カンターは、事前指示をする人が、少なくとも認知症になった後にも素朴な喜びなどを持ち得ることを理解した上で、認知症が進行した場合に生命維持治療を拒否する事前指示をするならば、その指示が尊重されるべきだと論じる。しかし、ドレッサーは、認知症になった後にどのような生の質を経験するかを、意思決定能力を有する時点で十分に予想することは困難であり得ることを指摘する。そして、そのような不十分な理解の上でなされた事前指示が尊重されるならば、その指示に基づく治療選択による影響を受けるのは、もはや事前指示の理由となった利害関心を意識し得ない認知症の人であると論じる。

また、カンターの事前指示は、「認知機能障害に伴う耐え難い尊厳の侵害（indignity）と不名誉という個人的な見解」に基づくものであると述べられているが、これに対してドレッサーは次のように問題を指摘する。

> カンターの事前指示のような指示の実施を命じる原則は、意思決定能力を有する人が、後に障害を持つようになる自己を差別することの正当性を認めることになる。事前指示が最重要であると擁護する人々は、そうでなければそのような選択から保護される脆弱な患者に対して、将来に関する自律が有害な医療的選択を正当化する理由を、まだ説明していない。（Dresser 2018, 27）

事前指示によって認知症の人の医療ケアの選択が全て決められことは、意思決定能力を有する人の偏見に基づく決定を認めることになり、そのような偏見に基づく決定の有効性が承認されなければ当然保護される認知症の人に対して、害を与えることになり得る。このように指摘した上で、ドレッサーは、事前指示よりも現在の利益を尊重する必要性を論じる。すなわち、カンターのような事前指示をしていた人が、認知症になり、新聞や小切手帳を理解できなくなったときに、指示をしたことやその内容を覚えておらず、歌を歌うといった活動に喜びを感じ、かつては尊厳がなく無意味であると見なした生を価値あるものと見なしている。この場合に、この人が感染症に罹ったならば、事前の拒否にかかわらず、抗生物質の内服のような簡単で効果的な治療は、最善の利益に基づいて許容されるべきである。ただし、もしより負担が大きく、より混乱を起こさせる治療が提案された場合には、事前の拒否によって支えられた最善の利益は、治療を見送る決定をある時点で正当化するだろう（Dresser 2018, 27）。

このようなドレッサーの主張は、認知症の人の現在の関心や利益を重視し、現在の認知症の人にとって治療の負担が小さく利益が見込める限りは、事前指示よりも現在の利益と考えられるものを優先すべきだとするものである。この点で、意思決定能力を有する時点での本人の考え方や価値や批判的利害関心よりも、いまやそれらには関心を持たない現在の認知症の人にとって、現在相対的に重要であると考えられる関心や利益を重視していると考えられる。また、その場合に事前指示は、現在の認知症の人にとって負担が大きく、混乱を生じさせるような治療が選択肢として提案された場合に、認知症の人にとって何が利益になるかの判断の一つの根拠になると見なされていることがわかる。

ドレッサーの理論に従えば、マーゴのような人に対して、事前指示ではなく、現在の関心や利益と判断されるものに基づいて、生命を維持する治療の負担が小さい限りは、その治療がなされるべきであるということになる。

現在の利益を優先するこの理論に従うならば、認知症のマーゴにとってよい選択は、意思決定能力を欠く現在の関心や利益を事前指示よりも優先し、抗生物質を投与して生を維持することである。

これまでに検討してきたドレッサーの理論は、事前指示によって認知症の人が受ける医療ケアを全て決定することに反対するものである。認知症の人が保持するさまざまな能力を尊重し、現在の認知症の人にとっての関心や重要事を重視するならば、ドレッサーが主張するように、認知症の人の現在の利益と判断されるものを優先する必要があると考えられる。このことに関して、ドゥオーキンやカンターが人の全体としての生を前提とするのに対して、ドレッサーは人の生が変化していく可能性を重視しているとも理解できる。また、現在の利益が優先されるということと、事前指示が全く無意味というわけではないことに関しては、過去と現在のつながりと相違を理解する観点も必要になると考えられる。これらについてさらに検討することで、マーゴのような認知症の人の場合のよい選択を考えてみたい。

4. 意思決定能力を欠くと判断される人にとってのよい選択をどう考えるか

これまでに検討してきた対立する立場の主張をふまえると、マーゴのような人にとってよい選択をどう考えるかに関して、それぞれの主張の基礎となっている観点の違いがあると考えられる。ドゥオーキンやカンターの理論は、生が全体として一貫した物語であることや、生全体が一貫した価値に基づいたものであることの重要性を前提しているのに対して、ドレッサーの理論は、人が状況の変化に適応していくことや、生の物語が変化する可能性を前提にしていると理解できるのである。

この違いに関して、ドゥオーキンやカンターのように、全体としての生の一貫性を前提とする観点に対しては、その課題が指摘される。すなわち、従来の自律の尊重の考え方は、アイデンティティや経験や物語の連続性の不変性を仮定しており、そのような不変性は、認知機能障害はあるが自分の選好を伝えることができるような人には適用することのできないようなものであるが、それをあまりに安易に仮定している（Bowman 2008）。人は、意思決定能力を有していると判断される場合にも、生全体において一貫した価値に基づいて生を形成するばかりではなく、環境や状態や保持する能力の変化などに伴って、価値や目標や選好などが変化する可能性を持つ。また、生の主体であるその人が保持するもの、失われるもの、環境や関係性や状態の変化などがある中で、そのような変化に基づいて、変化しながら形作られていく側面も、人の生は持ち得ると考えられる。そうであるならば、このような人の生の「変化」の側面も考慮されるべきであろう。

また、ドレッサーの理論では、認知症の人の関心や利益を中心に考える必要性が論じられる。そのような現在の関心や利益をどのように捉えるかに関しては、ドレッサー自身は詳細には言及していない。しかし、これに関連して、例えば、認知症の人が保持する価値評価や選好の能力の意思決定における重要性が指摘されている。認知症などにより意思決定能力を欠く人も、自分にとって何がよいかを判断する価値評価の能力を保持し得る（Jaworska 2005）。認知症の人は、もはやなぜそれが問題かを合理的に説明できなかったとしても、意味のある仕方で特定の経験や関係性を価値評価できるのである（Nuffield Council on Bioethics 2009）。また、意思決定能力を欠く人も、自分にとってより好まれるものを判断する選好の能力を持ち得る（Wasserman and Navin 2018）。これらの指摘をふまえるならば、認知症の人の現在の価値や選好は、その人自身にとって重要なものを意思決定に反映させるために、重視される必要があると考えられる。

さらに、人が熟考して判断したことは重要であると考えられるが、ドレッサーが主張するように、人間関係を持つことや素朴な喜び、感情や経験なども、人を構成する重要な要素である。そう考えるならば、現在の生を送る本人にとって、現在の関心や選好や経験などに比べて、事前指示の動機になったかつての価値や選好などは、相対的に重要でなくなる可能性を考慮する必要もある。

これらのことをふまえるならば、ドゥオーキンやカンターの主張のように、生全体において一貫した価値や物語を前提にして、認知症の人が受ける医療ケアの選択を全て事前の意思決定に従って行うのではなく、ドレッサーの主張のように、認知症の人の現在の生を中心にして本人にとっての利益を重視する必要がある。つまり、現在の本人が価値あると評価するものや選好を重視しつつ、それだけではなく、苦痛や負担がなく満足そうであるといったような経験的な利益を考慮する必要もあることになるだろう[13]。

マーゴの日常を知ったファーリックは、マーゴが自身の生を享受していることや、相手を気遣い関係性を持っていることだけでなく、マーゴがアイデンティティを持ち続けていること、「ロゴ」を描いて表明し続けていることを記述している。そのように、人は過去との連続性を持ちながらも変化する可能性を持っていると言える。言い換えれば、現在の認知症の人を中心に考える観点を確保しつつも、過去の意思決定能力を有した時点での意思決定や価値は全く無意味であるとも考えられない。振る舞いや価値や選好などの多くの面が変化したとしても、認知症の人は状態が進行する前と基本的に同じひとりの人であり、これまでの生の来歴も無視されるべきではないと考えることができる。それゆえ、単純に過去の意思決定や価値などをふまえて、それと同一だと考えられる現在の価値や選好のみを捉えるのではなく、過去と現在とで価値や選好が異なるように見えるならば、どのようにしてそれが変化したのか、その理由や原因を理解することが重要である。また、過去の意思決定能力を有した時点での意思決定の内容やその動機となった価値や考え方が、現在のその人にとってどのような重要性を持つかを理解することが、現在の本人の価値や選好を理解するための助けになり得るだろう[14]。

本稿でこれまで考察してきたように、人が状況や状態などに応じて変化し得ること、本人にとって重要な要素が変化し得ることをふまえるならば、マーゴのような認知症の人の意思決定においては、現在の本人の関心や価値や選好、経験的な利益であると判断されるものを中心に考える必要がある。そのような視座に立ちながら、過去の意思決定や価値なども理解することで、意思決定能力を欠く認知症の人にとっての「よい選択」が可能になると考えられる。

注

1） R・ドゥオーキンは、著書 *Life's Dominion* の中で、認知症の人の意思決定に関する議論を展開する際に、念頭におく状態として、このマーゴの事例の前半部分を引用している。
2） このような、生を享受しているように見える認知症の人に関して、事前の意思決定と現在の利益と考えられるもののどちらを優先すべきかという問題の記述は、例えば、Buchanan and Brock (1990) や Nuffield Council on Bioethics (2009) の議論において見られる。また、Beauchamp and Childress (2019, 142) はこの問題に関して、マーゴの事例に言及している。
3） 例えば、Schüklenk and Singer (2021) では、「Advance directives（事前指示）」の項に、R・ドゥオーキンの著書 *Life's Dominion* の第８章の一部と、このドゥオーキン理論に対して批判的な考察を行う R・ドレッサーの論文が取りあげられている。本稿では、事前指示を尊重する立場の主要理論として、R・ドゥオーキンの理論と、これと理論的枠組みが重なりつつ事前指示に含まれる範囲をより明確に論じる N・カンターの理論を、そして、現在の利益を優先する立場の主要理論として、カンターの理論に批判的考察を加えるドレッサーの理論を検討する。なお、R・ドゥオーキン理論に対するドレッサー理論に関しては、別稿（日笠 2007）で検討した。
4） これは Dworkin (1988) の理論である。この自律の理論は、ある面では医療ケアにおける意思決定の問題を考える際に広く前提となっている理論であるといえよう。
5） ただし、このような自律理論には、医療ケアの意思決定を考える際に課題が残る。これに関しては、別稿（日笠 2022）で論じた。
6） 本稿では、従来の代理決定基準に関して、Buchanan and Brock (1990)、Berlinger et al. (2013)、Beauchamp and Childress (2019) を参照した。これらにおいては、事前の自律的な意思決定や事前指示に従う基準を、それぞれ、「事前指示」、「患者の指示」、「純粋自律」というように異なる呼び方をしていることなどの相違はあるが、三つの基準の内容や流れに関してはほぼ同様の説明を含むために、本稿ではこれらの区別を深く論じることはしない。
7） 事前指示とは、将来、意思決定能力を失った場合の治療選択に関する希望を、意思決定能力を有する時点で事前に表明しておくものである。事前指示には、具体的な状況とその場合の治療選択に関する希望の内容を示すタイプのもの（内容指示あるいはリビング・ウィルと呼ばれるもの）と、自分に代わって医療ケアの選択を行う代理人を指名するタイプのものとが含まれる。本稿の議論において特に取りあげられるのは、具体的な内容指示のタイプの事前指示である。

8) 本稿では、文脈に応じて interest を「利益」あるいは「利害関心」と訳すことにする。

9) この問題の議論に関して、例えば、Nuffield Council on Bioethics (2009) は、本人のかつての見解と、現在の選好のどちらが優先されるべきかに関しては、倫理学者の間でも非常に強い意見の相違があり、この問題に関する公開討論会などでも同様の対立する意見が見受けられたと述べている。

10) カンターは、これらの語を互換的に用いる。

11) ただし、このような「将来に関する自律」の原則は、憲法やコモンローの教義に基づくものであり、リビング・ウィルや医療代理人に関連する州法に基づくものではないことにもカンターは言及する。州法では、事前指示の効力を末期状態にある人に限定しているように見えることがあり、認知症のほとんどの段階では、終末期の死への近さの基準はまだ満たしていない。また、中等度の認知症状態にある患者への事前指示の拘束力について述べた判例はない。このカンターの言及は、本稿の 1 で確認した、代理決定基準に残される課題とも一致している。

12) ドレッサーが指摘するのは、例えば、延命治療を拒否しながら快適さを保つケアを望んでいた場合に、快適さを保つために必要な措置が同時に生命を延ばすことにもなるときにはどうすべきかが明確ではない、といった解釈上の問題が残ることである。

13) 意思決定能力を欠くと判断される人の現在の価値や選好と、医学的・客観的に判断される現在の最善の利益とが対立する場合もあり得る。その場合には、現在の最善の利益から大きく外れない限りは、現在の価値や選好を尊重する必要があることに関しては、別稿（日笠 2020）で考察した。

14) 例えば、Nuffield Council on Bioethics (2009) によれば、認知症の人の意思決定においては、本人の過去の価値や考え方が現在の本人にとってどのような重要性を持つのかを考える必要がある。この主張によれば、自分らしく自分の価値に従って行為するという過去の意思決定能力を有した時点での自律と、意思決定能力を欠く現在の本人の希望と、現在の本人にとって客観的に経験的な利益であると判断されるものとを、全て考慮する必要がある。これらのうちで、どれか一つが自動的に優先されるわけではなく、これらの要素を合わせて考慮し、個別の文脈に応じてそれらの要素の相対的な重要性を考えるべきである。この主張は、本稿で論じるように、現在の本人の状況においてこれらの要素を理解する視座に立っている点において、重要な主張であると考えられる。

参考文献

Beauchamp, T. L. and J. F. Childress 2019: *Principles of Biomedical Ethics*, eighth edition, Oxford: Oxford University Press.

Berlinger, N. et al. 2013: *The Hastings Center Guidelines for Decisions on Life-Sustaining Treatment and Care near the End of Life*, Revised and Expanded Second Edition, Oxford: Oxford University Press.

Bowman, D. 2008: "Who Decides Who Decides? Ethical Perspectives on Capacity and Decision-Making," in G. Stoppe (ed.), *Competence Assessment in Dementia*, Wien: Springer-Verlag.

Buchanan, A. E. and D. W. Brock 1990: *Deciding for Others*, Cambridge: Cambridge University Press.

Cantor, N. L. 2018: "On Avoiding Deep Dementia," *Hastings Center Report* 48(4), 15-24.

Dresser, R. 2002: "The Conscious Incompetent Patient," *Hastings Center Report* 32(3), 9-10.

Dresser, R. 2018: "Advance Directives and Discrimination against People with Dementia," *Hastings Center Report* 48(4), 26-27.

Dworkin, G. 1988: *The Theory and Practice of Autonomy*, Cambridge: Cambridge University Press.

Dworkin, R. 1994: *Life's Dominion*, New York: Random House.

Firlik, A. D. 1991: "Margo's Logo," *The Journal of the American Medical Association* 265(2), 201.

Jaworska, A. 2005: "Ethical Dilemmas in Neurodegenerative Disease: Respecting Patients at the Twilight of Agency," in J. Illes (ed.), *Neuroethics: Defining the Issues in Theory, Practice and Policy*, Oxford: Oxford University Press.

Nuffield Council on Bioethics 2009: *Dementia: Ethical Issues*, Cambridge: Cambridge Publishers.

Schüklenk, U. and P. Singer (eds.) 2021: *Bioethics: An Anthology*, 4th edition, Hoboken: Wiley-Blackwell.

Wasserman, J. A. and M. C. Navin 2018: "Capacity for Preferences: Respecting Patients with Compromised Decision-Making," *Hastings Center Report* 48(3), 31-39.

日笠晴香　2007：「一つの人生か別の人格か：事前指示の有効性をめぐって」『医学哲

学 医学倫理』25、41–50。
日笠晴香　2020：「認知症患者の尊厳と医療ケアの意思決定：自律尊重と利益保護をめぐって」加藤泰／小島毅編『尊厳と社会（下）』法政大学出版局、161–186。
日笠晴香　2022：「本人の意思を尊重するということ：「自律」・「自己決定」再考」清水哲郎／会田薫子／田代志門編『臨床倫理の考え方と実践』東京大学出版会、86–91。

Considering "Decision-Making in the Patient's Interest" for People without Decision-Making Capacity:

From an Examination of the Debate on the Effectiveness of Advance Directives in the Cases of Dementia

by HIKASA Haruka

In some cases, under certain dementia conditions, the person receiving medical care may be deemed to lack decision-making capacity. However, even if it is determined that a person is lacking decision-making capacity, he or she may still be able to make some statements, retain various abilities, and may not necessarily be terminally ill or imminently dying. In such cases, an important question remains as to what reasons and rationales must be used to make decisions. That is, what is "decision-making in the patient's interest" for the individual receiving medical care? This ethically difficult question asks whether those involved in decision-making must prioritize respect for the person's advance directives or protect the person's present interests. This paper aims to clarify how decision-making in the patient's interest needs to be considered through an examination of the competing positions on this issue with respect to their dementia condition.

〈論文〉

老いる人びとと多様な〈死者〉との縁
――南島を事例に――

後藤 晴子

1. はじめに――南島の幽霊と親しき死者

沖縄大学で教鞭をとっていた国文学者の新屋敷幸繁は、1977年に出版された沖縄の郷土月刊誌『青い海』の第65号で組まれた特集「沖縄の怨霊・怪談全集」への寄稿文の冒頭で「わたしなど、今でも幽霊の出た話を信じている。ユーリー、幽霊の出たことをウソとは思っていない。それを幸せの中に数えているくらいである」（新屋敷 1977, 76）と述べ、幽霊との巡り会いを「幸せ」として記述している。新屋敷は続けて、「幽霊の出るすきもない今の沖縄社会を、どうみても仕合わせだとは考えられない。立っている幽霊も、生ま身のいそがしい人間だと思って、そらぞらしくしている世間が、幸福な世の中であるとは、さらさら言えないだろう」（新屋敷 1977, 76）と続け、「立っている幽霊」に気を払う暇もない「そらぞらしい世間」になってしまった沖縄社会を嘆息してみせる。

新屋敷が取り上げている「幽霊」は、彼が見聞きした沖縄の「怪談話」に登場する「幽霊」である。具体的には、那覇の町はずれに現れるアメを買う「世界無類の美しい」女の幽霊、昔の越来間切（まぎり）[1]山内の竹林のなかにある山内前毛[2]を死に場所に選んだ辻の遊女（ズリ）の「歌う女の頭蓋骨」、集落の青年（ニーセー）たちをもてあそんだという「豚に化けた美女」[3]、くちなしの大木の下に芭蕉布の晴れ着を着て現われる「生きている女幽霊」、男装で自分の元に通って不幸にも亡くなった「美女」の愛人のもとに死後通った「男の幽霊火」、ジックンパーリ[4]の音に慌てて自分の首を鎌で切り落としてしまった「首なしハブ取り」といった幽霊である（新屋敷 1977, 76–83)。ここで取り上げられているのは、いわゆる怪談話としての幽霊で新屋敷自身の家族親族、友人知人のような「親しき死者」は含まれていない。

一方、島言葉の伝承に尽力した金城春子が1984年に自費出版した『我が家の民話』には、「家で交わされた」話が多数収録され、そのなかには「親しき死者」の話も含まれている。『我が家の民話』に収められた話の話者は、金城によると金城本人の話の他には夫（49歳）、長男（18歳）、長女（17歳）、次男（15歳）、三男（13歳）、母（72歳）、義弟夫婦、金城の知人である。金城はこの本について「この小話集は、我が家で交わされた話を集めたものです。親子のそれぞれの体験談・失敗談をはじめ、聞いてきた面白い話や怖い話、ホラ話、なぞなぞまで、さまざまです。朝食のとき、あるいは夕食の家族団らんのひとときに、聞いてきた世間話や民話、あるいは夫やわたしの友人たちから聞いた愉快な話などを子どもたちに語ったり、子どもたちが自ら語ったりしたものです」、「これらの話は、わたしたち親子にとっては、生活を楽しみ、コミュニケーションを保ってきたことの確かな記録です。いわば、いつまでも語り伝えられることが、わたしのささやかな願いです」（金城 1984, i）と述べている。

金城は収録にあたって話の明確な区分はしてはいないが、「怖い話」としては動物霊や化け物（マジムン）の話（「猫の死の知らせ」「魚化物」「牛化け物」「ネズミ一族」）、名前のない死者の話（「十字路の幽霊」「幽霊」「霊」「魚売り幽霊」「肉をくれ」）、共同体内部の死者の話（「死ぬ前に出歩く生き霊」）、親しき死者の話（「不思議な話」「不思議な話2」「死後姿を現わす」）が収められている。「死ぬ前に出歩く生き霊」と題された小話は次のような話である。

交通事故で死んでしまったふとん店の夫婦の話だが、その夫婦の死ぬ一週間ほど前、店先で不思議な現象を見た人がいる。

久しぶりに会ったふるさとの友達が遊びに来て、時間がたつのも忘れ、あれこれ話し込み、夜になってしまった。

ふと時計を見ると十二時、彼女を送っての帰りである。

ふとん店のシャッターは降りている。その店先で、大勢の人が並んで写真撮影をしているではないか。なかでも、その店の夫婦の姿がはっきりと見えた。あれっ、こんな夜中に、どうして記念写真をとっているのかしら？と思い、車を止めてしばらく見ていた。なに気なくドアを開けようとして手をかけたとたん、異様なふんいきに気づいた。恐ろしくな

> り、夢中で家に帰った。それから一週間後、ふとん店の夫婦は交通事故で死んだのである（金城 1983, 64–65）。

夫婦が事故で亡くなる前の話なので「生き霊」と言うことなのだろう。この話の他に、長男の語る「霊」の話で火の玉を見たのちに学校で一人の生徒が首を吊ったという話が掲載されており、こちらもいわゆる「生き霊」の話といえる。また金城が語り手となっている「不思議な話」と「不思議な話2」と題された話も、亡夫の亡くなる前の不思議な話で、死者に連なる話ではあるが厳密には死者の話ではない。他方、亡父の話から思いおこされた死者に関する世間話として「肉をくれ」という話と長男が語った亡父（金城にとっては亡夫）との遭遇の話「死後姿を現す」は、「親しき死者」の話であるといえよう。「肉をくれ」と題された話を引いておく。

> 父ちゃんは、ひもじい思いをして亡くなってしまった。可哀想なことをしてしまった。そんな話をしたせいか、死んでまもなく、こんな世間話が耳に残った。
>
> ある所で、娘がお肉を食べていると、そこへ死んだ人（父ちゃん）が現れて、
>
> 「肉を呉れー、ひもじい」
>
> と手を出した。娘は驚いて、
>
> 「ウリー」
>
> と言って投げてやった。すると、
>
> 「ヌーガ、ワンニンカイ、ナギティルキィール（どうして、私には、投げて呉れるのか）」（金城 1983, 149–150）。

金城の収録した話は、彼女自身が言及しているとおり新屋敷の幽霊話と異なり、家内やごく親しい人びとの間でインフォーマルに共有される話である。具体的な話が話された状況や人間関係について得られる情報は限られるが、先ほど新屋敷の幽霊話にみた怪談話のような耳目を惹きつけるエピソードはほとんどなく、日常の延長として語られている。また「名前のない死者」については「幽霊」といった言葉を用いて表記をしているが、共同体内部の死者や「親しき死者」については（「生き霊」という表記は見られる

が)、「幽霊」といった表記を採用していない。金城がそれを意識的に行ったかどうかは限られた資料からは定かではないが、ここには語り手と死者との生前の関係の親疎が関連している可能性もある。

金城の話は、彼女の家族にしかみられないような特異なものでは決してない。これまでの南島研究で知られている通り、南島では形を変えながら存続する死者儀礼や祖先祭祀を背景に、霊性の高い人びと(サーダカウマリ)[5)]を通して、または直接感得される死者との遭遇の体験を通して、日常的に死者とのつながりが語られることがある。筆者はこれまでにも 2004 年から 2012 年にかけ断続的に実施してきた沖縄離島のフィールドワークで得られた事例をもとに、家族親族などの「親しき死者」との絆(後藤 2017)や、「名も無き死者」である幽霊との邂逅によってもたらされる「日常性の畏怖」について考察を行ってきた(後藤 2009; 2020)。しかしながら、死者との親疎によって異なるつながりの有様についてはほとんど考察できていなかった。本稿は、南島で老いる人びとと多様な死者とのつながりについてローカルな視座から考察を行おうとする小論である[6)]。

2. 死者とのつながりをめぐる議論

死者とのつながりをめぐる議論は多種存在するが、澤井敦は 1990 年代後半頃から、死者と遺されたものの間に維持される「継続する絆」を重視し、死者のための適切な場所を生活の中に見出していくことが重要だと考える見方(Klass et al.1996)が強くなった(澤井 2005, 145)と指摘している。澤井によれば、死別の様ざまなケースをみると、「遺された者が、病理的あるいは幻覚というラベルを簡単には貼りえないようなかたちで死者の存在を感知していたり、死者と対話したり死者に相談していたりというケースがみられる。そしてこれは、必ずしも宗教的な信仰にもとづくものとは限らない」(澤井 2005, 145–146)という。

デニス・クラスはこうした死者とのつながりを「継続する絆(Continuing Bond)」(Klass et al. 1996, xviii)と呼び考察しているが、ただしクラスの議論は心理学的なグリーフワークにおける心理学的な議論であり、いわゆる「疎遠な死者」との関わりについては、議論の趣旨とは異なるため取り上げられていない(Klass et al. 1996)[7)]。

これに対し高橋原らと共に東日本大震災の被災地における霊的体験の調査研究を岩手県のA市と宮城県のB市で実施した堀江宗正は、被災地における直接的な体験のなかで巡りあう死者を「身近な霊」、未知・無名・疎遠な霊を「未知の霊」と呼んで、被災者たちの体験や議論している[8)]（高橋／堀江 2021, 71）。堀江によると「身近な霊」の体験は、「未知の霊の体験と異なり、自宅などの落ち着ける場所でふとしたときに起こることが多」（高橋／堀江 2021, 71）く、「体験者によって、故人の存在は『死者』や『幽霊』であるよりも第一に大切な人である。幽霊という言葉を使ったときの恐怖感や異物感はない。また体験者にとっては当たり前の真実であるため、真偽を争う姿勢はない」（高橋／堀江 2021, 72）という。また「身近な霊」は家族に限定されるものではなく、「数十年の付き合いのある友人や隣人」が含まれる場合もあり（高橋／堀江 2021, 110）、「未知ではない」が「身近な霊」には包摂しがたい霊が存在する場合もあると指摘している[9)]。

堀江はこの「身近な霊」と「未知の霊」という用語について、ウラジミール・ジャンケレヴィッチ（ジャンレヴィッチ 1978（1977））の「二人称の死」（身近な人の死）と「三人称の死」（身近ではない人の死）という用語法に近いとした上で（高橋／堀江 2021, 107）、その境界領域と地域の中の死者を包摂しようとする共同体の力について考察を行っている。

堀江によるとB市で回答者が霊的体験として語ってくれた話は「未知の霊」に関する話がほとんどで、A市では故人を近くにいる存在として体験している割合が高かったという。両市の違いを生む要因として堀江は、①地理的要因、②心理的要因、③宗教的要因を挙げており、津波の犠牲となった死者との地理的・心理的距離感、罪悪感、死者の依り代となる寺院と墓と仏壇が、悲嘆共同体の性質を大きく分けたと分析している（高橋／堀江 2021, 135）。堀江の議論は、被災地かつ被災して10年といった事例であることを十分に踏まえる必要があるが、死者との地理的心理的親疎や共同体の宗教的状況は死者に対する語りを規定しているのだという指摘は、南島の死者との関わりを考える上でも興味深い。次章では、具体的に沖縄の事例から考察を行う。

3. 南島の死者との縁を支える装置

1）調査地概要

本稿で取り上げる調査地は、人口千人足らずの沖縄本島周辺に位置する高齢化率の高い島である（以下、島と表記する）。古来より人びとは農業で生計を立てており、天水とわずかな湧き水に頼っていたため、しばしば台風や旱魃の災害を直に受けていた。こうした環境的な制限も相まって、琉球処分（沖縄併合）前後の1879（明治12）年以降、県内外への移動が自由になると、他の小規模離島と同じく相続が長男と比して限られていた次三男を中心に那覇や大阪に出稼ぎや奉公に出かける人びとや移住する人が次第に増えていった。第二次世界大戦中には、1944（昭和19）年の那覇の1010空襲の後に沖縄本島から避難してきた住民で一時的に島内人口が爆発的に増えるものの、戦後はまた島外への移住が増加するようになった。その結果、島民の3分の1は島内に在住し、3分の2以上は那覇や京阪神地方といった地域に第二の故郷を求めるといったライフスタイルを確立した。現在でも那覇に拠点を持つ人は多く、在島者も日常的に本島と往き来している(後藤2017, 64–65)。

島は祖先祭祀や旧暦でほぼ毎月開催される神祭祀の盛んな地域で、他の沖縄の地域と同じく神祭祀では主として女性司祭者たちをはじめとして、宗教的霊性の高い人びとが宗教的な場面で重要な役割を果たしていた。島内には琉球王朝期に編纂された『琉球国由来記』(1713年）に記される御嶽のほか、拝所などのさまざまな祈りの場が存在し、宗教的職能者のみならず島の人びとの重要な信仰の場となっていた（後藤2017, 64–65）。

また、沖縄の他地域と同じように、墓や仏壇を通した日々の供養、清明祭や今帰仁（なきじん）ウマーイなどの門中の祖先祭祀（先祖供養）も比較的熱心に執り行われていた。沖縄本島では戦後の生活改善運動の後ほとんど行われなくなった洗骨も80歳代以上の高齢者を中心に希望する人は見られ、調査当時中年以上は洗骨の経験を持つ人も少なくなかった。

筆者は先に触れたとおり当該地で2004年より2012年にかけて、断続的に高齢者のライフヒストリーの聞き書きや日常実践に関する調査研究を実施した[10]（後藤2017）。本稿で取り上げる事例も当該調査時に収集したもので、注記の無い限り事例は60歳から80歳の女性のものである。これは島の高齢者自体が当時圧倒的に女性の方が多かったという状況にも依っているが、それだけでなく祖先祭祀を別にすれば、宗教的なことに関しては少なからず距離を取っているという姿勢を示す人が男性に多かったといった事由もある。筆者の経験的な雑感で恐縮だが、とくに男性の学校や役場などの公職経験者にそうした傾向は顕著で、「そういったことはよく分らない」といった形でやんわりと話題を退ける場面や人によっては積極的に否定する場面に出くわしたこともあった[11)]。

2）島の複層的な宗教者

本稿では主として、個人が直接死者と遭遇した事例やそれに関する話を取り上げるが、沖縄の他の地域 (大橋 1998; 池上 1992; 池上 1999) と同じく、島でも宗教的職能者を通して死者と交流を持つ。よって具体的な話に移る前に、島の複層的な宗教者について端的に説明しておきたい。村落レベルの神祭祀を担うのはノロ、カミンチュと呼ばれる中高齢の女性司祭者たちであるが、島内には彼女たちのほかにも霊性の高いマリングヮと呼ばれる人びとが数多く存在する。女性司祭者もそうしたマリングヮの一人であり、マリングヮたちはその霊性によって担う役割が異なる（後藤 2017, 69)。

マリングヮは「霊性が高い生まれ」の島内の総称で、そのほかにもウマレ、サーダカ、サーダカウマリとも呼ばれていた。性別に関わりなくウマレの人びとは存在するが、調査当時、島内には圧倒的に女性が多かった。マリングヮは①村落祭祀を担う女性の宗教的司祭者（ノロ、カミンチュ)、②男性の村落祭祀関係者（特定の家の人びとで神祭祀に参与)、③門中の祖先祭祀を司る祭祀者（クディー)、④家の個人的な御願（オガミ）の依頼を受ける人、⑤過去・現在・未来等を見渡すシャーマン（いわゆるユタ)、⑥特定の職掌は持たないマリングヮ（個人でオガミをする）におおよそ類別もできるが、調査当時その職掌は複層的に担われているため必ずしも明確に区分できるわけではなかった。

①や②は特定の人物に限られる。また①や②はいわば公の神祭祀を司る人びとなので、チヂ神などの祖先神を別にすれば死者との直接の関係は認められない。しかし先に述べたとおり、各自の霊性によって複層的な役割を担っていたことから、①の人のなかにも死者の言葉を伝えたり、門中祭祀に関わったりしている人もいた。これについては沖縄南島研究ではノロとユタの

両者の領域が混然とした「第二の領域」（桜井 1973, 145）が既に指摘されており、いわゆるノロとユタの職掌がハッキリとわかれる理念型は沖縄本島のみ（津波 1990, 137–140）で、離島などでは琉球王朝期からその限りではなかったとの指摘[12) もなされている (後藤 2017, 70)。

3. 死者との遭遇

1）島の人びとを取りまく多様な死者

島の人びとに関わる死者は、大きく分けると五つに分類することができる。第一が、亡父・亡母・亡夫・亡妻・亡兄弟・亡子など家族・親族などに代表される「親しき死者」である。彼／彼女らとは生前から親しい付き合いがあり、先に触れたデニス・クラスらの指摘するところの「継続する絆」が死後も継続し、生前から継続する親しいつながりを見て取ることができる。もちろん、生前の付き合いが希薄だった場合には、「親しき死者」とならないこともある。

第二に、「祀るべき死者」が存在する。「祀るべき死者」とは「先祖」として祀られる死者のことで、第一の「親しき死者」の一部が含まれるとともに、先祖（祖先神も含まれる）が相当する。主として祖先祭祀の場面で関わる死者たちである。基本的には彼／彼女らは子孫たちに豊かさ（ユー）をもたらす存在であるが、祀りが不足すれば（ウガンブソク）障りをもたらすこともある。「祀るべき死者」はまた、宗教的職能者にとって守護神（チヂ神）になりうる存在が含まれていることもある。

第三に、「生前縁のあった死者」が存在する。彼／彼女らも第一の「親しき死者」と異なり血縁関係はないものの、血縁以外のさまざまな縁（地域、学校、職場など）を通じて生前の時間を一定時間共にした人びとである。生前の親疎の程度によっては、当人にとって第一と変わらぬ（もしくはそれ以上の）つながりがある存在であることもある。

第四に、「名前のある死者」が存在する。彼／彼女らは第三の「生前縁のあった死者」には当てはまらない、固有名詞のはっきりとした人びとで、具体的には語りによって島内で共有される著名な人物などが相当する。よって世代によっては第三の「生前縁のあった死者」に含まれる人である場合もある。

第五に、「名前のない死者」、いわゆる幽霊（ユーリー）が存在する。「名前のある死者」のように固有名詞ははっきりとせず、性別もはっきりとしないこともある。しかし彼／彼女らの存在を感得する宗教的職能者を通して語られたり、もしくは人びとの個々の不思議な体験や他者の不思議な話の共有によってその存在が認識されたり、共有されたりする場合もある。

第一から第五の死者の知覚のされ方については事例で具体的に取り上げたいと思うが、大きな差はない。関係の親疎にかかわりなくはっきりとした姿を見せることもあれば、声だけ、音だけ、気配だけ、もしくは夢でといったような感得のされかたもあり、またいわゆる「ポルターガイスト」のような不思議な現象を通して感知されることもある[13)]。

またここでは、すべてに「死者」という用語を用いているが、これは筆者の分析上の表記で、島の人びとが用いた言葉ではない。島の人びとにとって第五の「名前のない死者」（ユーリー）以外は、それぞれ特定の故人であり、「死者」「霊」といった呼称は使われていなかった。以下、具体的な事例を取り上げていきたい。

2）「親しき死者」と「祀るべき死者」

第一の「親しき死者」および第二の「祀るべき死者」については、拙書で既に取り上げて考察を行っているため、ここでは拙書で紹介した事例も含め一部の例を取り上げる。以下の事例1と事例2はともに故人が旧盆に島（家）に戻る、という話である。

事例1：（旧盆にはあの世から）お父さんが帰ってくるから。「あんたもう、そんな年よりみたいなことを言って」（って姉に言われる）、ふふふ。たまにひとり言いって（しまう）。ただの、馬鹿みたいなひとり言をいうんだけど（2007年8月旧盆、60代女性）。

事例2：「島ではね、（大阪で亡くなった）兄貴はここにも来てるって。たまたま、この家を開けて（出かけて）きなさいってC家（親戚）のおばちゃん、『兄貴がこっちに帰ってきてるよ』って。（筆者：お兄さんこちらに住んでたわけじゃないのに）でも、若い頃にはね、いてたから、住んでたから。結婚してから出て那覇で暮らして、大阪って。『何で魂こっちなの？』って結局あれ、『生まれ育ったところに、こっちにおるんだよ』って（2008年8月）」（後藤 2017, 187）（60代女性）。

盆に亡くなった人が戻ってくるといった実感や感覚は、盆行事に親しみのある人びとにとっては島に限らず身近な感覚であろう。厳密に言えば事例1にしても事例2にしても、実際に死者に遭遇したという話ではない。しかしこの事例から「親しき死者」たちは、その来訪が楽しみな存在であり、生まれ育った故郷に回帰する／愛着を持つ存在として提示されていることがわかる。次に実際に死者と遭遇した、と語られた事例についてふたつほどみておこう。

事例3：「よくわかんないけど、元気な時島をあけて那覇に行くときあるよね。『早く帰らなきゃ、〈オトゥ〉が待ってる』。『どこで家のなかで待ってるの？』って。『家の中に入ってない』って。『門の外』。『なんで、入りなさいって言いなさいって』。『入らない』って。『いつも外で待っている』って。『じゃ、待っててっていいなさい』って。『もうちょっとしたら帰る』って（2007年8月）」（後藤 2017, 181–182）（60代女性）。

事例4：この前ね、あの～（母が）亡くなったのはもっと前でね、誰もいないのにね、（姉が、母親がその家に）「いる気がする」って。「いるのよ」っていうから。（私が）「誰もいないよ」って（返事をしたら）「あっち（の家に）行って、ほんといたから」って。そこでちょっと色々あって（そこにしばらく）住んでたから、（自分たち）子ども連れてね。なんとなくね、かたちでもね、人間って気になってるんだろうって（思った）（2007年8月、60代女性）。

事例3は亡くなった母親の思い出話として60代の女性に伺った話である。霊性が高い母親は島を離れて那覇に行ってしばらくすると、早世した亡夫（話し手の女性にとっては父親）が門の前で入れずに待っているから母親が早く帰りたいと話していたのだという。門（ジョー）立ちする幽霊の話は沖縄では良くある幽霊話であるのだが、妻が島を離れたときに限って門の前で亡夫が立つというエピソードには、島への愛着の理由のひとつに亡夫の存在も感じられる。

事例4は、事例3と同じ60代の女性から姉の話として聞いた話である。亡くなった母親が昔住んでいた家の中にいる、という話である。こちらは事例3とは異なり家の中に入って来ている。また、死者の感得のあり方として姉が「いる気がする」といったようにその気配を言及しているのが印象的である。

事例5は、第二の「祀るべき死者」に関する話である。先に触れたとおり「祀るべき死者」は父系血縁原理に基づく門中の祭祀の中心になる人びとである。彼／彼女らは死後も多くは、記憶されている限り一個人として祀られる。島内でも三十三回忌が弔い上げとされているが、弔い上げを終えていても島では月命日はお参りをするのが普通だと話す80代の男性もいた（後藤2017, 176–177）。

事例5：4人分ちゃんとご飯（を供える)。ご飯を、こういう感じでするんだけど、私も横着になってね。でもいっぱいあればね、4人で食べてくださいって。そうそう、そうしてあげてる。あげてるんだから（亡くなった人たちも）文句は言わないよって（2007年8月旧盆、60代女性)。

各人の月命日や旧盆などのお供えの際には、位牌の人数分のお供えが用意され、仏壇の前に供えた後亡くなった死者の名前をあげながら、「○○おじさん、食べてくださいね〜」といったような声をかける。しかし夫婦ふたりや一人暮らしの家ではお供え物のお下がり（ウサンデー）を一度に食べきるのは難しく、かといって冷凍して食べるのも大変である。よって事例5のように大皿に沢山盛って、お箸を人数分揃えるといったスタイルも採られていた（後藤2017, 193)。「あげてるんだから（死者も）文句はいわないよ」というのはなんともユーモラスな物言いである。

霊性の高いウマレの人の場合、複数の守護神（チヂ神）を持つことが多いが、そこには特定の祖先が含まれる事も多い。事例6は島内のオガミをしばしば引き受けてきた霊性の高い女性の言葉である。

事例6：神様はね、私もやってくれ、私もやってくれって、っていうからさ。それを、けじめをつけて、自分の祖先をやったら間違いないよ。（筆者：じゃ全然関係ない神様をおこしてしまったら大変なんですね）そうよ。（2008年8月、80代女性）。

事例6の「おこす」とは、祀られていない神を祀ることを意味する。彼女は日々、祀られていない神からの呼びかけがあったそうだが、関係のない神であればその呼びかけに安易に乗ってはいけないのだという。「親しき死者」や「祀るべき死者」はこれまでにあげた形とは異なる形で接触することもある。

事例7：（筆者のそばをしばらく蝶が飛んでいた際）「（ご先祖が）何か言いたいことが（筆者に）あるんだろうね」（2006年7月）。

いわゆる俗信のひとつであるが、島内で蝶は「先祖のシラセ」だと解釈される。このように「親しき死者」や「祀るべき死者」との親密さの背後には、「継続する絆」だけでなく、祖先祭祀や神祭祀、宗教的職能者、島内の宗教文化的な背景が関係し、彼／彼女らとの「継続する絆」を支えていることがわかる。

3）「生前縁のあった死者」と「名前のある死者」

さて、次に第三の「生前縁のある死者」についてみておこう。事例8は、共同体内部の死者の話である。

事例8：「私はもう（○○さんを）離れて見たことしかないけど、亡くなった○○さんが、歩いてるって。○○民宿（の前の道）。こういうことだから、なんとか、本当かどうかわかんないんだけど、声かけられたって……」（後藤 2017, 181–182）（60代女性）。

事例8は、兄が弟の同級生の亡くなった父親に早朝、島のメインストリートで声をかけられた、という話である。兄にとって声をかけてきた死者は弟の同級生の亡くなった父親であるため、それほど親しい関係とはいえないが共同体内部の顔見知りの関係である。またここでは姿を現わすだけでなく、内容は不明だが声もかけられている。はっきりとした姿で現れているところが興味深い。

事例9：（兄の）同級生が、（大阪で）亡くなった、亡くなる時にうちの兄貴をみたって。○○さんが、那覇に出てきた時にね、そういう風に（わたしに）言うんだけど。「は？」っていうことで。あの、「会ったよ〜」って（2008年7月）。

事例9は、兄が亡くなった時に、同級生の前に姿を現わしたという話である。いわゆる「いまわのきわの物語」といえる。事例2では魂は生まれ育った島に、という話であったが親しい人の前には島でなくとも姿を現わすらしい。こちらも「会ったよ」とあとで語られるぐらい、はっきりとした姿で登場している。さらに沢山の事例から検討する必要もあるだろうが先に見た事例4では、亡母は娘にその気配しか現わしていなかったことを考えると、関係性の親疎によってその姿の現われ方には違いがあるわけではないらしい。

次にあげる事例は、第四の「名前のある死者」にあたり、筆者が他稿でも既に取り上げている人物に関する例である（後藤2017, 18）。

事例10：体悪いおばあちゃんが、拝んでいたよ〜。たまに歌声が聞こえる」って。○○のおかぁさんが「何の歌か聞いておきなさい」、っていったんだけど。「何の歌？」、そんな聞いたら怒られる。何の歌かわからないけど、ここ通ったら聞こえる。（筆者：赤ダルオバァさんって有名だったんですね）ねえ。（筆者：なんで、「ダル」なんですか？）自分で染めものして、赤いあの、洋服着てたから、ダル。近所のおばあちゃんたちが「（色々なことが）わかるって。こういう子どもたちはこういうことさせなさいよ。こういう時代になるから、しっかり養育させないよ〜」って母親に言っていたみたいよ（2007年8月、60代女性）。

事例10の「赤ダルオバァ」と呼ばれる女性は島の沿岸部の門中の出で、戦時中に戦後の世の中の様子を予見していたいわゆる「予言者風」の人物で、「うちの母親にね、いつも、この時代は、日本が負けたでよ、アメリカの時代になるから、お茶も買って、水も買って、今考えればテレビだね、映像も見える時代がきて、火を吹いて飛ぶ時代が来るから、うちの母親にね、子どもたちはね、しっかり育てて、教育もしなきゃだめよ、ってうちに来て」（後藤 2017, 18）と島の子ども達への教育を熱心に勧めていたらしい。事例10の話し手の60代の女性は彼女の話を、亡母から生前折に触れて聞いていたらしく、赤い衣装で現れて拝みをしていた女性を「赤ダルオバァ」であると判じたようである。

「赤ダルオバァ」と呼ばれる女性の霊性の高さを伝える話は、事例10以外にもしばしば耳にした。たとえばある時、祖先祭祀のために呼ばれた那覇からはじめて島に来たユタが、サトウキビ畑の横道に赤い衣装を着た人物を見かけて島の人に伝えたといったことあった。このように島内で名を知られるような人物である場合、生前関係がない人びとからも一個人として認識され、話が共有されていることがわかる。

4）「名前のない死者」と幽霊

さて、最後に「名前のない死者」、幽霊（ユーリー）について見ておきたい。名前のない死者に関する話は、いわば遭遇談といった形で語られることが多い。

事例11：「そんなこと言ってたら、みんなあっちこっちね、白い着物着た女の人があっちからこっちから渡してるよ。昔はだからね、もっと、いまは明るくなってるけど、暗かったからね」（2008年2月）（後藤 2020, 83）。

事例12：私の姉は、（電灯のついていない家は）ダメって。今みたいにね、（私が外に）遊びに来て、（家に）一人だと。「どこにおるか、電気つけてきた〜」って（電話をかけてくる）、「いいよもう、あとでつけに行く」……夜はやっぱり電気つけていく。（筆者：一人でいたくないんですよ。）私は別に感じないけどね、別にね、どうってことない（2007 年 7 月、60 代女性）。

事例 13：私も塩持ってる。何も別に感じないけどね、いつも母親が、持ちなさいねーって、まぁ、これ気持ち的なもんだと思うけどそういうね。お塩まいたら、効くって。ちょっと水をまいたら、効くって。まあねぇ、なんかこの辺でも、（塩を）置いてあるけどね。私も冷蔵庫の上の方に（塩を）置いてるんだけど。なんとなくね、なんとなくだから、うん。今はね、（塩を冷蔵庫の上に）置いとって（2008 年 8 月、60 代女性）。

名前のない幽霊話については一部、畏怖に関する体験を考察した小論で既に考察しているが（後藤 2020）、事例 11 のように姿を見せている場合もあるものの、事例 12 や事例 13 のように気配を感じて「なんとなく」怖い、といった体験も多い。塩（マース）は、沖縄で広く使用されている魔除けであり、島でも宗教的なことに半信半疑の人ですら持ち歩く人は珍しくなかった[14)]。

4. 考察――老いる人びとと「死にがい」

第一の「親しき死者」と第二の「祀るべき死者」は先に触れたとおり、一部重なっている。「親しき死者」は個人的体験と祭祀、「祀るべき死者」は死者供養や門中祭祀を通して、時に〈呪術－宗教的〉職能者や霊性の高い人びと（サーダカウマリ）を介した関わりもみられる。また「親しき死者」の場合には、島においてもとくに生前の故人との深い関わりによって「継続する絆」（Klass et al. 1996, 59–70）が保持されていることを認めうる。第三の「生前縁のあった死者」と第四の「名前のある死者」はいわゆる個々人の「不思議な体験」によって関係がみられる。もちろんそれぞれ血縁をもつ人にとっては「親しき死者」でも、「祀るべき死者」でもありうる存在である。また事例であげたように特殊な能力によって知られるような島内の「有名人」の場合には、「生前縁のあった死者」から「名前のある死者」へと移行する可能性も考えうる。第五の「名前のない死者」は、本稿で取り上げた事例では「幽霊」と判じられていたが、語り手にとって馴染みの無い死者であったことから「幽霊」とされただけで、第一から第四に相当する死者である可能性もあろう。また「幽霊」であっても、島の文脈のなかで理解される死者として語られるところは興味深い[15]。

社会学者の井上俊は、「それは、かならずしも積極的に死を求める動機づけに対応するものではなく、もっと広く、積極的及び消極的な「死の意味付け」の総体を指す」として「死にがい」というキーワードを提示している(井上 1973, 6)。井上は続けて、「どんな社会も、なんらかの形で死を意味付け、そのことによって成員にみずからの死を納得させ受けいれさせるメカニズム、いわば『死にがい付与のメカニズム』を備えている」(井上 1973, 8)とし、「『生きがいのない現代』などといわれるが、むしろそれ以上に失われているのが『死にがい』であろう。かならずしも、そのことを慨嘆しようとするのではない」(井上 1973, 12)と述べている。

日常の中で関わる(接する)死者には、「親しき死者」や「祀るべき死者」、「生前縁があった死者」のみならず、「名前のある死者」や「名前のない死者」のように生前に直接関係のない死者が含まれる。すべてが島で老いる人びとにとって日常で遭遇する死者であり、彼/彼女らとの遭遇の話は、宗教的職能者に限らず家内や島内の日常的な場面で共有される。死者との付き合いの濃淡は生前の付き合いの親疎に関係する一方で、生前の直接の付き合いや祀り手としての関わりがない「名前のある死者」と「幽霊」の場合には、共同体内の地縁の親疎が関係していると考えられる[16]。多様な死者の存在は、島で老いる人びとにとって死後も変わらない「つながり」を感じさせるものとして機能しているといえる。高齢期の生き方に関する多様な死者の存在の影響については、今回十分に考察することができなかったため、また稿を改めて考えていきたい。

(付記)
調査でお世話になりました皆様に心より感謝申し上げます。

注

1）間切は沖縄の旧行政区画のこと。
2）山内集落前の野原（毛）という意味。
3）他所の美人が年老いた豚を美女に化けさせて青年たちをからかった話で、タイトルとしては「美女に化けた豚」のほうが適していると思われるが、新屋敷のタイトルに準拠している。
4）木の実を竹鉄砲の弾にして遊ぶ子どもの遊びのこと（新屋敷 1977, 81）。
5）霊性が高い人びとのなかにはノロ、ユタといったようないわゆる〈呪術－宗教的職能者〉としての職掌を持っている人もいれば、そうした職掌は持たない人もいる。調査地における宗教者の状況については次章で述べる。
6）本稿は、2022 年 9 月に愛知学院大学（オンライン）で行われた日本宗教学会第 81 回学術大会で実施した個人発表「老いる死者と多様な死者との関わり：南島を事例に」の発表内容とオーディエンスからのコメントを端緒としている（後藤 2023）。貴重なご意見を頂きました司会及びオーディエンスの諸先生方に記して御礼申し上げたい。
7）筆者も先に触れたとおり沖縄離島で生きる人びとの「老いる経験」の一側面を考えるために、井上俊が提示した「死にがい付与システム」とクラスの「継続する絆」を手がかりに、主として家族親族といった「親しき死者」とのつながりから考察を行ってきたが、そこでの議論もまた親しき死者の議論に留まっていた（後藤 2017）。また別稿で死者（幽霊）や神といった畏怖の存在との遭遇の体験についての考察は行っているが（後藤 2020）、総合的な議論は出来ずにいた。
8）堀江はどちらかといえば「身近な霊」の物語のほうに調査を当てているが、それは共同研究者である高橋と相談した上で「調査するからには噂話ではなく、直接体験を取り上げるべきだ」（高橋／堀江 2021, 71）という方針を取ったからだと説明している。
9）具体的には普段から同居せず親しい付き合いがない親族の場合がそれに当るという（高橋／堀江 2021, 114）。
10）当該調査ではライフヒストリーなどプライバシーに関わる内容の調査を実施しているため、匿名性を保持するため人名及び一部の地名を匿名としている。よって本稿でもそれに従う。
11）冒頭で取り上げたいわゆる知識人である新屋敷が、全く私的な経験を記していない事由ももしかしたら同じような背景が関係しているのかもしれない。
12）島内のマリングヮが島内の家々の祖先祭祀の全てを担っているわけではない。ノロやカミンチュの調査当時の在島生活者は 1 名のみで、家によっては島外のユタを招くことや、島外から僧侶を呼ぶ家も存在した。

13)「名前のない死者」との巡り合わせを含む、島における「畏怖」は拙稿で取り扱っている(後藤 2020)。注 7 参照のこと。

14) 半信半疑ながら塩を持つといったような、柳田國男が「兆・応・禁・呪」の議論(柳田 1998(1934))のなかで指摘した「応」の発想については関一敏(関 1996; 関 2006)の議論をもとに別稿で考察している(後藤 2009)。

15) 客死した死者については、議論するだけの十分な材料を持ち合わせていないためここでは議論を避ける。

16) たとえば、前章で取りあげた「赤ダルオバァ」の話は、主に沿岸部の集落で良く聞いた話で彼女はその沿岸部の門中出身であった。

参考文献

Klass, D. et al. 1996: *Continuing BONDS: New Understanding of Grief*, Taylor & Flancis.

池上良正　1992:『民俗宗教と救い:津軽・沖縄の民間巫者』淡交社。

池上良正　1999:『民間巫者信仰の研究:宗教学の視点から』未來社。

井上俊　1973:『死にがいの喪失』筑摩書房。

ウラジミール・ジャンレヴィッチ　1978(1977):『死』仲澤紀雄(訳)、みすず書房。

大橋英寿　1998:『沖縄シャーマニズムの社会心理学的研究』弘文堂。

金城春子　1984:『我が家の民話』南西印刷(私家本)、64–65。

後藤晴子　2009:「民俗の思考法:「とわかっている、でもやはり」を端緒に」『日本民俗学』260、35–65。

後藤晴子　2017:『老いる経験の民族誌:南島で生きる〈トシヨリ〉の日常実践と物語』九州大学出版会。

後藤晴子　2020:「畏怖の保存:情感の共有を考えるための一試論」『日本民俗学』301、83–100。

後藤晴子　2023:「老いる死者と多様な死者との関わり:南島を事例に」『宗教研究』96 巻別冊、284–285(発行予定)。

桜井徳太郎　1973:『沖縄のシャマニズム』弘文堂。

佐々木宏幹　1984:『シャーマニズムの人類学』弘文堂。

澤井敦　2005:『死と死別の社会学:社会理論からの接近』青弓社。

島薗進/竹内整一　2008:『死生学[1]:死生学とは何か』東京大学出版会。

新屋敷幸繁　1977：「沖縄のいろいろな幽霊」『青い海』65号、76–83。
関一敏　1996：「俗信論序説」『族（やから）』27号、30–49。
関一敏　2006：「呪術とは何か：実践論的展開のための覚書」『東南アジア・オセアニア地域研究における呪術的諸実践と概念枠組に関する文化人類学的研究』（平成16年～平成17年度科学研究費補助金研究成果報告書）、84–105。
高橋原／堀江宗正　2021：『死者の力：津波被災地「霊的体験」の死生学』岩波書店。
津波高志　1990：『沖縄社会民俗学ノート』第一書房。
宮田登　2021（1991）：『はじめての民俗学―怖さはどこからくるのか』筑摩書房。
柳田國男　1990（1940）：『妹の力』ちくま文庫。
柳田國男　1998（1934）：『民間伝承論』（『柳田國男全集　第8巻』）筑摩書房、3–194。
山下欣一　1988：『南島説話生成の研究：ユタ・英雄・祭儀』第一書房。

The Relationship between Aging People and Various "Dead":

A Case Study in a Southern Island in Japan

by GOTO Haruko

In studies of the Japanese South Islands ("Nan-tō"), it is known that people there talk about connections with the dead in their daily lives. This is caused by experiences of encountering the dead, either through highly spiritual people (called "saadaka-umari", "saadaka", and "umare"), or in their direct experiences of encounters with the dead, against the background of various ancestral rituals.

Based on cases obtained from fieldwork, which I conducted intermittently from 2004 to 2012 on a remote island in Okinawa, I have examined the bonds with "the dead in a close-relation" such as family relatives (Goto 2017). I also studied the "preservation of awe" brought about by encounters with ghosts who are "the nameless dead" (Goto 2009; 2020). However, I have not comprehensively examined connections between the various dead.

This essay attempts to examine the connection between the elderly and the diverse dead in the South Islands of Japan from a local perspective. In this paper, I especially focus on elderly people's daily experiences of direct encounters with the dead and on cases of sharing stories about such experiences.

〈論文〉

ハンナ・リデルの藍綬褒章
――「救癩」の宗教から国家への転換点――

松岡 秀明

はじめに

キリスト教は、世界のさまざまな地域でハンセン病患者の救済に取り組んできた。日本も例外ではなく、明治になって日本にやって来た宣教師たちは各地に療養施設を設立している。戦前の日本におけるキリスト教が、癩患者（以下、歴史上の用語として「癩」を用いる）にどのように手を差しのべたかについては、単著の書籍に限ってもこれまでに以下が出版されている。包括的な論考としては、荒井英子（1953～2011）や杉山博昭（1962～）の研究がある（荒井 1996；杉山 2009）。一方、個別的な対象に焦点を合わせたものとして、ハンナ・リデル（1855～1932）と彼女が熊本に設立した回春病院にかんする猪飼隆明（1944～）の二冊（猪飼 2005a；2005b）、コンウォール・リー（1857～1941）と草津の聖バルナバ・ミッションについての中村茂（1944～）の著書（中村 2007）、神山復生病院の第六代院長を務めた岩下壮一（1889~1940）についての輪倉一広（1960～）の研究（輪倉 2015）などがある。

本稿は、リデルがどのように日本で初めての癩にかんする法律として1907年（明治40）に制定された「癩予防ニ関スル件」（法律第11号）の制定に関与したかを検討する。猪飼がすでにこれらの問題について論じているが（猪飼 2005a；2005b；2016）、猪飼とは別の視点、すなわち癩が慈悲の対象から社会事業の対象へ、言葉を換えれば癩患者たちそしてその生が宗教の対象から国家の対象へと移り変わる過程にリデルの果たした役割を考えていく。その際に、1906年にリデルが受けた藍綬褒章（1906）を導きの糸とする。

日本におけるキリスト教、ハンセン病、国家の関係を考えるにあたって、1985年熊本に癩の療養施設である回春病院を設立したハンナ・リデル

Hannah Riddell（1855 ～ 1932）は大きな役割をはたした。リデルの生涯については、彼女の長年補佐役を務めた飛松甚吾（1883 ～ 1945）の評伝(飛松 1934)、猪飼隆明（1944 ～）やボイド（1948 ～）の研究で知ることができるので（猪飼 2005a；猪飼 2005b；ボイド 1996)、それらに依ってその概要を記しておこう。煩を避けるため、これらの文献は特別な記載がある場合以外のみ示すことにする。

リデルは、英国聖公会宣教協会（Church Mission Society、以下 CMS）の宣教師として、1891 年（明治 24）1 月に神戸に到着し、その後熊本で布教を始めた。CMS は、英国国教会がアジア・アフリカでの布教のために1799 年に設立した団体である。

熊本藩の初代藩主加藤清正（1562 ～ 1611）を祀る廟がある熊本の本妙寺は、日蓮宗の寺である。加藤清正は救癩の神とされ、明治初期には多くの癩患者たちが参道にたむろしていたとされる。リデルは本妙寺で癩患者を見て衝撃を受け、それが回春病院設立の契機になったと述べている（リデル1915；1919)[1)]。

リデルは癩患者の救済を決意し、1895 年（明治 28）11 月 28 日回春病院を開院する。その後、リデルの上司で 1874 年から日本で宣教活動を行なっていた聖公会のヘンリー・エヴィントン主教（1848 ～ 1912）との関係に軋轢が生じる。エヴィントンは、CMS の本来の活動は布教であり、リデルがハンセン病患者の救済に注力することは誤っていると考えた。エヴィントンがリデルの熊本での活動について CMS 本部に連絡した結果、彼女は呼び戻されることになり 1899 年 5 月にイギリスに帰国した。本部はリデルを熊本に返さないことを決めたため（猪飼 2005a, 170; 180；ボイド 1995, 128–129)、1900 年 12 月リデルは CMS に辞表を出し 1901 年 1 月に熊本に帰って来た。

1. リデルと政財界人

リデルは人脈を開拓するのに長けていた。回春病院を開設するに際して、リデルは、日本の要人に積極的に働きかけていた。1892 年には当時の熊本の帝国陸軍第六師団の主任医官で後に陸軍軍医の最高位である軍医総監となる芳賀栄次郎（1864 ～ 1953）と知り合う。リデルは CMS への手紙のなかで、芳賀がこの計画に賛同の意を表したことを「言葉に尽くせないほどの喜びだった」と記したという（ボイド 1995, 81）。

1901年にリデルが病院を拡張しようとした際には、熊本藩藩主直系の細川護成（1868～1914）から病院の隣の12,000㎡の土地を999年間の賃貸契約で提供されている（ボイド 1995, 132）[2)]。また、どのようにしてリデルが知り合ったかは不明だが、大隈重信（1838～1922）が桜と楓をそれぞれ数十本寄贈したので、病院敷地を貫く道を作りこれらを植えて並木道にしている（飛松 1934, 35）。

CMSから運営資金を受けることができなくなったため、熊本に戻ったリデルは病院運営の財源を自ら確保しなければならなくなった。リデルの活動に賛同していた日本人は少なくなかったものの、資金集めには苦労したようだ。なぜなら、リデルは1902年10月にCMSに出した手紙に、一旦は辞したCMSに復帰し病院の経営も引き受けて欲しいと懇願しているからである（ボイド 1995, 132–135）。しかし、この訴えは1903年5月九州の宣教団によって拒否されてしまう（ボイド 1995, 137）。

これを契機として、リデルは政財界の要人とのつながりを強めていくようになる。ボイドによれば、1903年と1904年の回春病院の収支報告書によれば運営費の約4割はイギリスからの寄附だったという（ボイド 1995, 148）。残りの60パーセントは、リデルの尽力によるものだろう。

1905年10月14日リデルはその大隈を訪問し、その後で子爵で外務官僚の岡部長景（1884～1970）と会っている。翌15日にリデルが大隈に出した礼状のなかで、香港上海銀行からの借金3,000円の返済を迫られており、寄附をしてくれる人物を紹介してほしいと申し出ている（猪飼 2005a, 192）。

これに答えたのが、大隈と渋沢栄一（1840～1931）である。1905年11月5日の『時事新報』第7917号は、「リツデル嬢の事業」という見出しで次の記事を掲載した。

> 熊本に癩病患者の施療院を設け多年経営せる英国人リツデル嬢は施療院収容の患者年を逐うて増加せるに随ひその施設拡張の必要を感じ今回上京大隈伯渋沢男の援助を求めたる由にて両氏は広く世間篤志者の同情に依て斯の篤志なる同盟国一婦人の大業を成就せしめんことを切望する

由[3)]

これは、翌日の11月6日に行なわれることになっていた大隈と渋沢が呼びかけた癩についての集まりを予告したものである。

この会合に話を進める前に、渋沢が初めてリデルと会った時のことを記しておきたい。渋沢の回想を弟子たちが筆記した『雨夜譚会談話筆記』によれば、渋沢は1927年12月6日に次のように語っている。

> 最初リデル嬢が来た時、よく斯んな事が出来る、成程西洋人は感心であると思つた。そこで熊本回春病院を建てる時、僅ではあるが一万五・六千円の金を寄附した（渋沢青淵記念財団竜門社 1959, 516）[4)]。

この記述によれば、渋沢は1895年に回春病院の開院する際にすでにリデルを援助していたことになるが、これを確認できる資料はない。注目すべきは、「よく斯んな事が出来る、成程西洋人は感心であると思つた」という発言である。これは、「西洋」を範としてさまざまな事業——そのなかには社会事業、すなわち今日の社会福祉も含まれる——を興した渋沢らしい感慨である。渋沢は院長として東京市養育院に長くかかわり、日本の社会事業に大きな役割を果たした。渋沢がなぜ癩に関心を持ったかは、第5節で見ていく。

2. 要人たちと癩——1905年11月6日の会合

1905年11月号の『竜門雑誌』の記事よれば、大隈と渋沢は癩に関心を持つ要人たちに以下の招待状を送っている。

> 英人リデル嬢、先に熊本に癩病患者の施療院を設け、多年経営せられ候処、逐々収容者の増加に伴ひ、施設拡張の必要も之あり候に付幾分小生等に援助を求め度旨、来談之あり候、然る処該患者の憐むべきものなるは、申迄も之なく候へども、尚其種類に依りては、他への伝染力激甚にして、一般社会の為めに、苟且に附す可からざるものなる由、近来専門大家の唱道する所に之あり（傍点は松岡）、況や外国人に於て、此の如

く多年篤志の経営を見候事に候へば、小生等に於ても、向後応分の心配を加へ度存じ候、就ては本件に付、篤と各位の御高見相伺、御援助に依り、一般社会の注意をも喚起致し度云々（『伝記資料』517–519）。

傍点部には、癩に対する二つの方向性が表われている。「該患者の憐むべきものなるは、申迄も之なく候」には、患者を憐れむという個人に向かうベクトルが示される。一方、それに続く、癩には感染力の強いものがあるので、その対策は社会のために「苟且（こうしょ）に附す可からざるもの」、すなわちその場かぎりの間に合わせであってはいけない、と専門家が説いているという箇所ではベクトルは社会の方に向いている。本稿は、この二つの方向に注目しながら検討を進めていく。

では、この会合がどのようなものであったかを見ていこう。大隈と渋沢の呼びかけに応じて、11月6日に坂本町（現中央区日本橋兜町）の銀行倶楽部には25～6人が集まった。先の『竜門雑誌』の記事が伝える参会者の何人かを職位等を付して以下に示し、何人かの発言を紹介する（『伝記資料』517–519）。

まずリデル、そして「最初より嬢の事業を賛助」した東京高等師範学校教授の金沢久（1866～1925）。医療関係では、1903年から内務省衛生局長を務め1907年の「癩豫防ニ關スル件」の制定に尽力した官僚窪田静太郎（1865～1946）、医師で衆議院議員の山根正次（1858～1925）。東京市養育院（後述）からは幹事の安達憲忠（1857～19 30）、医師で日本のハンセン病行政に決定的な影響を与えた光田健輔（1876～1964）。報道関係では、毎日新聞社社長兼主筆で衆議院議員の島田三郎（1852~1923、島田については後にやや詳しく論じる）、ジャパンタイムズ主筆の頭本元貞（1863～1943）。政治家としては、クリスチャンで衆議院議員の横井時雄（1857～1927）、後に衆議院議員となる田川大吉郎（1869～1947）。錚々たる面々である。

大隈が病気で来られなくなったため、まず渋沢が「リッデル嬢の篤志と其成功に関し、大隈伯より伝へ聞く処ありて、伯と所感を共にし、此会合を催ほす」に至ったと話した。これが正しければ、渋沢は大隈からリデルのことを聞いたことになる。

次に、リデルの事業を初期から「賛助」していたとされる金沢がリデルの代理として、回春病院の来歴と現状について述べた。続いて光田が、癩は伝染病であることを話したが、これは次節にゆずる。山根は浮浪患者が伝染を拡大する危険性を説き、窪田は癩病予防法について現在政府は調査中であり、「必ず時機を見て適当の法案を提出」することを報告している。最後に、島田が、大隈と渋沢がジャーナリスト、実業界、医学界を「代表すべき若干名の委員を選み、更に其委員の集会を催ほしてリッデル嬢の事業に対し募金を為し賛成を表すべき方法」を検討すべきだと提案し、参加者は満場一致でこれに賛成した。

島田の提案では、リデルが運営する回春病院を援助することを目的とした各界有力者による集まりは、しかし、後に検証するように山根や窪田といった医療行政にかかわる者の念頭にあった癩にかかわる法案を検討する場になっていく。

さて、この『竜門雑誌』記事の最後には次のよう記されている。

> 我邦は癩病患者の数に於て印度に次ぎての多数を有し、人口の割合を以てすれば世界第一の癩病国なり、此れ実に国家の恥辱（傍点 松岡）なり、而して此等患者を収容すべき病院の如き僅かに指を屈するに過ぎずして、其多くは主医を置かずと云ふは最も歎息すべし、回春病院の如きは本邦にありて最も完全せる癩病院と謂つべし（『伝記資料』519）。

日本が「世界第一の癩病国」だったかは確認できなかったのでここでは措くとして、注目したいのは、「国家の恥辱」という文言である。「癩患者の多さ＝国の恥」という主張は、日本で20世紀の初めに登場し少なくとも第2次世界大戦が終わるまで執拗に繰り返えされる。そして、この主張は1907年の「癩予防ニ関スル件」（法律第11号）の制定へとつながっていくのである。

いくつかの新聞が、この会合について報道している。『東京朝日新聞』は、11月8日の朝刊に「癩病患者の救護（リッデル嬢の事業）」という見出しの記事を掲載し、「此恐るべき伝染病」に国家が何ら対策を講じていないことを嘆き、「嬢の如き外国貴婦人の手に依り僅かに之が救護を為しつゝありといふが如きは我々国民の恥づる所なり」と主張する。ここでもやはり「恥」が現れる。日本人が癩患者の「救護」を行なっていないことを「恥」としているのである。

3. 島田三郎と癩――『毎日新聞』の二つの記事

一方、会合に出席した島田が社長で主筆も兼ねた『毎日新聞』は、11 月 7 日と 8 日の二日間にわたって巻頭の「毎日新聞」の欄――現在の社説にあたると考えられる――で癩を取り上げている。11 月 7 日の「国家の一大問題　癩病の伝播」は、大隈と渋沢が開いた会合を紹介から筆を起こし、癩について行政が何の対策もとっていないことを次のように非難する。

> 三ヶの病院何れも外人の慈善事業にして、政府も地方公会も、一切之を顧みざるは、帝国の文明を汚瀆する一大欠点といふべし[5)]。

「帝国の文明を汚瀆する」とはずいぶん大仰な表現だが、癩が「国家」の問題とされている点には注意しなければならない。

そして記事は、癩は慈善事業だけでなく国家が取り扱うべき問題であると以下のように締めくくられている。

> 吾人の見を以てするに、慈善事業も欠く可からずと雖も、単に之を個人の篤志者のみに委ぬ可き小事に非ず、国家は之を政務の一要事として研究し、特殊の法律を以て之を処分し、病院を設備して、其大本より一掃するの挙あるを要す。吾人はリデル嬢の喚びを機会として、之を社会に急告する者なり。

注目すべきは、法律を制定し病院を設置する必要性を説いていることである。この主張のとおり 1907 年には、患者届出の義務、浮浪癩患者の療養所への隔離を明記した「癩予防ニ関スル件」が制定されるのである。

翌 11 月 8 日の記事「一大国辱　野蛮の旧態」は、次のようなものである。日露戦争に勝利した日本は世界で重要な位置を占めるに至り、イギリスは大使館を開設し、日本人は「文明先進の民を以て自任」することになった。しかし、この記事の筆者は「癩患者を処する一切の準備なきを見るに至り、他の半開国民に対して、忸怩たらざるを得ざるなり」と恥じ入るのだ。ヨーロッパで癩患者が存在するのはノルウェーとロシアだけである。ロシアと患者が多いインド、ハワイには公私の施設があるが、人口5,000万で3万の患者がいる日本には公立の施設がない。コレラ、ペストを怖れる日本人が「尤も悲惨なる癩病を、其伝播に委せ、猖獗を逞しくせしむる」のは、この病気の性質を知らないからであり、「帝国を病魔の侵略に任せ、外人をして我非文明を卑視せしめんとす」と日本人を強く批判している。

この記事には癩を国辱と見なす考え方が端的に示されており、癩を放置している日本は筆者にしてみれば依然として「非文明」国なのである。国家意識と文明国に対する意識が強く表れているこの記事には、次節で紹介する光田が1902年に書いたものに認められる患者への眼差しが欠けており、実際の患者の姿は全く見えてこない。

『毎日新聞』の二つ記事に見て取れるのは、日本が国家として一流となるためには癩を根絶しなければならないというロジックである。先述のように、当時の毎日新聞の社長・主筆は島田三郎だった。島田は1890年から社長を務め、1894年に主筆に就いている[6)]。島田は、自由民権運動や廃娼運動に参加し、労働問題や被差別部落問題でも積極的に発言し、さらに足尾鉱毒事件では田中正造（1841～1913）を積極的に支持するなど、様々な社会運動にかかわったジャーナリストで政治家である。

この『毎日新聞』巻頭の二本の記事には署名がないが、社長で主筆でありこの会合に参加し重要な役割を果たした島田が書いたものではないか。たとえそうでなかったとしても、社長・主筆として記事の趣旨に反対はしていなかったと考えていいだろう。こうした主張は島田の活動と矛盾しているようにも思われるので、検討してみたい。

まず、商兆琦（1985～）が指摘するように、島田は西洋志向が強く「平民社会」の実現を目指した人物である（商 2020, 135）。武藤秀太郎（1974～）によれば、1880年代末、Societyの訳語である「社会」が「問題」と組み合わされ、「社会問題」という言葉が誕生し、工業化に伴って出現した労働にかかわるさまざまな問題を意味することになるのだが（武藤 2022, 146）、島田はこうした問題に関心を持った。

当時の労働運動の主導者の一人片山潜（1895～1933）は、1901年に『毎日新聞』を次のように評している。

> 我国目下の政治家中最も社会改良に熱心なる島田三郎氏を主筆兼社長とせるとなれば、紙面に常に『社会改良』てふ文字のあるは元よりなり（片山潜／西川光次郎 1901, 184）。

このコメントにおいて「社会改良」とは労働者運動を意味している。

「社会」という言葉は、しかし、別の意味を持つ場合もある。石田雄（1923～2021）は、明治後期においては、「社会」は、既存の秩序からはみ出しおちこぼれた部分として、そして秩序を乱す抵抗の要素を指す場合がある。「社会問題」という言葉の「社会」はそのような含意であると論じている（石田 1984, 45–62）。

島田は、このような「社会」も射程に入れていた。日本で遅くとも20世紀初頭から用いられるようになった「社会事業」という言葉は、現代の社会福祉を意味するが、ここでは石田が指摘するように秩序の外部にあって秩序を乱す可能性をもって存在を秩序のなかに回収しようとする営為を意味している。島田は、労働者の待遇の改善と同時に、社会の安定を目標にしていた人物であり、癩患者の隔離を進める側に立ったのである。

4. 光田健輔と癩――隔離主義者の誕生

光田は1902年に『東京市養育院月報』第12号に寄稿した「癩病隔離所設立の必要に就て」で、これ以降繰り返すことになる以下二つの主張を述べて明らかにしている（光田 1902）。(1) 癩は遺伝病ではなく伝染病である、(2) 伝染を防ぐためには隔離が必要で、欧米ではこの方法で患者を減らしている。そのうえで、光田は「本邦に於ては全国到る処に本病を見ざることなし」とし（光田 1902, 4）、首都である東京市が「癩病隔離の問題」に注目することが、政府が「隔離の大方針を確立」する端緒となると説くのである（光田 1902, 5）。

光田のこの論説でもう一つ注目すべきは、「石段に群をなせば警官に追われ諸方を徘徊すれば査公に叱せらる彼等の境遇実に憐れむべきものなり」と患者に同情している点で（光田 1902, 4）、前節で指摘したように『毎日新聞』の二つの記事はこのような患者に眼差しは認められない。

「病気」と「病い」はほぼ同じ意味として用いられることが多いが、医療人類学ではこの二つを別の意味で用いることがある。一般の人が理解し、感じている病気のイメージや経験を「病い」(*illness*)、医療の専門家が定義する概念や診断を「疾病」(*disease*) とし、この二つが「病気」(*sickness*) を構成していると捉える。筆者もこう考えている。医療の専門家が書いたのではないと思われるものの、『毎日新聞』の二つの記事は「疾病」寄りのものである。

光田は、大隈と渋沢が呼びかけた11月6日の癩についての会合を、政治家やジャーナリストたちに自らの考えを説く絶好の機会と捉えたに違いない。この集まりで、光田は次のようなことを話している。

癩の歴史、各国の過去と現在の状況、癩は「遺伝質なるより寧ろ伝染質」であることを説明したうえで、「我邦中三万有余の患者が自由に放任せらるゝは、益々国人中に伝染するの危険」があると警鐘を鳴らす。そして、ノルウェー、ロシア、ハワイでは患者を隔離することで患者数を減らしたことを「数字を以て証明」した(『伝記資料』518)。

諸外国のデータを用いて隔離の必要性を説いた光田の訴えは、十分に説得的だったに違いない。それは『毎日新聞』に光田の主張に沿った二つの記事が載り、1906年5月5日に大隈や渋沢らを中心として癩についての会合「癩病予防に関する協議会」が再び開催されていることから明らかである。なお、この会合に光田が出席したかどうかは不明だが、医療関係者としては最初の会合に参加した窪田や山根の他に後に東大皮膚科教授となる土肥慶蔵(1866～1930) が出席している(『伝記資料』524)。

この2回めの癩についての会合に先立つ1906年1月発行の『東京市養育院月報』第59号に掲載された「癩病患者に対する処置に就て」で、光田はより具体的な方策を示す。「今日三万の癩病患者の取締法として刻下の急務」として「A　浮浪癩患者の強制的収容、B　貧民癩病患者の収容、C　富者自宅療養」の三つをあげ(光田 1906, 10)、「貧民及浮浪者を国費を以て救助する」ことを提案している(光田 1906, 11)。光田は、すべての癩患者を社会から隔離し療養所に収容するいわゆる「絶対隔離」を主張したことで有名である。猪飼は、「光田が絶対隔離主義者として自己を確立」したのは、1901年から1902年頃と考えられるとしているが(猪飼 2016, 133) 1906年の時点で光田はまだその考えに至ってはいない。

掉尾の「結論」で、光田は、(1) 医師、患者とその関係者が届出の義務を負わせること、(2) 浮浪者および貧者、自宅療養者の二つに分け取締り方法を決めること、(3) 浮浪者と貧者に対して「国費地方費」によって療養施設を設立すること、を行なえば「幾年の後終に此病毒を駆除」することが可能だと述べている。そして光田はこの論文を脅迫めいた次のような文で結んでいる。

> 若し今日の儘にして之れを放棄せんか多年の後、国力全く衰耗するに至る可し（光田 1906, 12）。

5. 渋沢栄一と癩――社会事業としての「救癩」

1922年、東京市養育院から「東京市養育院創立五十周年記念」と銘打って『回顧五十年』が出された。院長の渋沢栄一が語るところを幹事の田中太郎（1870～1932）が筆記したものに、統計資料を付したものである（渋沢 1922）[7]。この本の「緒言」に、田中が「此養育院こそは明治時代に於ける本邦社会事業の最先駆」と記しているが（渋沢 1911, 緒言 1）、渋沢は1931年に亡くなる直前まで､50年以上にわたって東京市養育院の院長を務めた[8]。この施設は1872年（明治5）10月にその前身が設置され、1890年に東京市養育院と改称されその後東京都養育院となり1899年に改組によって養育院の名称が用いられなくなるまで一世紀を超えて運営された。

1901年（明治34）3月には『東京市養育院月報』が創刊されるが、1901年7月発行の第5号から、2ページに「本院組織並入院規則」が載せられるようになる。1906年5月発行の第63号まで、この「規則」には、「本院の基本財産は　皇后陛下の御下賜金及び大方慈善家の寄付金を蓄積するものなり」という文言があることから、この施設が慈善事業の一環として運営されていたことが分かる。

しかし、その前身である東京府養育院は1872年（明治5）10月に別の目的のために創立された。1874年からこの施設にかかわり、1879年に院長となった渋沢栄一は1922年に次のように語っている。

> 明治三年の頃或外国の皇族が日本に渡来せらるゝに当り、東京市中に多くの乞食が徘徊すると云ふのは、貴賓に対して礼を欠くし、体裁も宜ろ

> しくないから、これを狩り集めて市中の徘徊を差止めやうと東京府で思ひ付いたのが本院事業の萌芽である（渋沢 1922: 3）

ここに示されているのは、日本を対外的によく見せようとする心性である。「多くの乞食が徘徊」していることを「恥」とする感覚は、癩患者が徘徊していることを恥とする感覚と連続している。

第1節で渋沢の談話筆記録『雨夜譚会談話筆記』の1927年12月6日の分を引いたが、引用箇所の後でなぜ癩に関心を持ったかを渋沢は次のように話している。

> 私が癩病々院の事業に関係する様になつたのは、東京市の養育院にぽつりぽつり癩病患者が這入つて来た頃からである。其頃は癩病が伝染するか何うかと云ふ事は、はつきりして居らず、一般には伝染しないものと思はれて居つた。（中略）養育院の方では何でも明治三十年頃、廿五・六人の癩病患者が出来て、別に一室を設けた事があつた。其時光田健輔氏が癩病は伝染すると云ひ出した（『伝記資料』516）。

明治30年は西暦1897年である。平井雄一郎（1963～）によれば光田が東京市養育院で職を得たのは1898年7月なので（平井 2009b, 455）、渋沢の回想は信頼するに足ると考えていいだろう。

続けて渋沢は、次のように述べる。

> 私等は別に癩病収容所を東京に建て度いと思ひ此事を市会に提出したら大変反対された。其時窪田などは「東京に収容所を建てゝ全国の癩病患者を東京に集める気か」などゝ云つて反対した。リデル嬢が来たのは其頃であつた。私等せめて浮浪癩病患者丈けでも収容しようと思つた（『伝記資料』516）。

回春病院は1895年に開院しており、この回想にも大きな誤りはないだろう。東京都公文書館では東京市会に上のような議案が出されたという記録は確認できなかったが、「浮浪癩患者」を収容する施設という発想は、感染の防止とともに「浮浪癩患者」が徘徊していることを恥とする感覚に裏打ちされている。

渋沢の回想のなかの窪田は官僚の窪田静太郎である。1903年に内務省衛生局長となった窪田は1905年11月6日の集まりに出席し、その後は1907年の「癩予防ニ関スル件」の制定に尽力することになる。「浮浪癩患者丈けでも収容」案は、前節で紹介した光田の主張と一致している。1907年の「癩予防ニ関スル件」の第3条は、「癩患者ニシテ療養ノ途ヲ有セス且救護者ナキモノハ行政官庁ニ於テ命令ノ定ムル所ニ従ヒ療養所ニ入ラシメ之ヲ救護スヘシ」である。「癩患者ニシテ療養ノ途ヲ有セス且救護者ナキモノ」とは、「浮浪癩患者」であり、光田の主張はここに盛り込まれている。

6. リデルへの藍綬褒賞——なにが評価されたのか

第3節で紹介したように、大隈と渋沢が呼びかけた2回めの癩についての集まり「癩病予防に関する協議会」は1906年5月14日に開かれた。この「癩病予防に関する協議会」の「案内状及び趣意書」には、次のようにある。

> 癩病救済の事業を外人の手に委ねて我国人之を顧みず、其の事漸く外人間の問題とならんとするに、国人が袖手傍観致候は帝国の体面（傍点松岡）にも拘り可申と痛心仕候（『伝記資料』524）。

「癩病救済」は「帝国の対面」にかかわることだから、外国人ではなく日本人が行なわなければならないと説くこの文面には、国民国家確立への意志が示されている。協議会で「癩病の救治は国家の急務」（『伝記資料』523）と話したとされる大隈の視線の先にあるのは、患者ではなく癩病という病気である。

伝染病、現代の言葉で言えば感染症をコントロールすることは、近代国家の重要な任務である。日本でも、1897年（明治30）の「伝染病予防法」の制定以来、国は感染症対策を行なって今日に至っている。1907年に「癩予防ニ関スル件」が制定されたのは、癩患者のため、さらには国民のためというよりは、日本を一等国にするために癩患者という「恥」を減少させるためだった。だからこそ、「恥」として最も目につきやすく、当時は感染源に最もなりやすいと考えられた「浮浪癩患者」が療養施設に収容されることになったのだ。

「癩予防ニ関スル件」の制定に重要な役割をはたした窪田は、1900年に次のように論じている。

> 我国に於て将来定むべき救貧制度は宜く公益主義たるべし。単純なる慈恵主義たるべからず。公益主義とは専ら公益上より打算して救済するの謂にして憐愍慈恵即人情上より救済するに非ず（窪田 1980（1900）: 155）。

窪田の眼差しは貧困にあえぐ個人にではなく、貧しい者たちが国家にもたらす不利益に向けられている。その後の癩についての政策がたどった軌跡を鑑みると、窪田の文で「救貧」を「救癩」と置き換えてみても違和感はない。その場合、「公益」とは「恥」であり感染源である浮浪癩患者たちを隔離することである。

「はじめに」で紹介したように、リデルは1906（明治39）年に藍綬褒章を受けている。総理府で賞勲局長を務めた佐藤正紀（1947〜）によれば、勲章がある人の生涯を通しての功績を総合的に判断して授与されるのに対して、「褒章は特定の表彰されるべき事績があれば、その都度表彰される」(佐藤 2014, 38)。褒章は1881年（明治14）の褒章条例（太政官布告第63号）によって六つの種類が定められており、藍綬褒章はそのうちの一つである[9)]。

藍綬褒章授与の対象となる者の業績として、学校や病院の建設、墾闢等々が挙げられているが、最初に記されているのが「教育衛生慈善防疫ノ事業」である。リデルは「慈善防疫」の業績を評価されたのである。しかし、リデルはたんに回春病院の「慈善防疫」事業を評価されたのではないと考えられる。

1905年11月6日の癩についての集まりは、癩が慈悲の対象から社会事業の対象へ、言葉を換えれば癩患者たちそしてその生が宗教の対象から国家の対象へと移り変わる転換点だった。それは、慈善事業という憐れむべき癩患者個人を救済することから、まず浮浪癩患者を隔離すること、すなわち彼らの生をコントロールすることによって癩という恥ずべき病気を一掃し国家を救済するという「防疫」への方向性が示された場だった。リデルが大隈重信や渋沢栄一に働きかけることで、この会合が開かれるきっかけを作ったことも評価されたと筆者は考える。リデルが歿してから5年後に光田健輔が書いた文のタイトルは「救癩事業に点火したリデル嬢」である（光田 1937）。確かにリデルは日本で最初に癩の療養施設を設立した。しかし、大隈と渋沢が開いた1905年11月6日の会合を転換点として、「救癩」の対象は個々の患者の「病い」から、国の恥として政治家や医療従事者が撲滅を目指す「疾病」としての癩へと変化していったのである。

注

1) リデルが本妙寺を訪れ癩患者を見たのが何年だったのかには諸説あるが、猪飼は1891年以外には考えられないと断じている（猪飼 2005a, 98）。
2) 内田（1990（1976）, 43）は、異なる解釈をしている。
3) 以下、句読点のない引用文には適宜句読点を補う。
4) 渋沢青淵記念財団竜門社編『渋沢栄一伝記資料 第24巻』渋沢栄一伝記資料刊行会、1959年からの引用は、以下『伝記資料』頁番号で表示する
5) この記事では、三つの病院として、リデルの回春病院、「米国婦人ヤングマン嬢の管する者、御殿場にあり、其分院は東京市内目黒に在り」をあげているが、御殿場のものは神山復生病院でパリ外国宣教会の神父であるジェルマン・レジェ・テストウィード（1849～1891）によって1899年に創立されており、ケート・ヤングマン（1841～1910）が1894年目黒に創立した慰廃園とは無関係である。
6) 毎日新聞は1906年に経営難に陥って買収問題がおこり、同年7月に「東京毎日新聞」に名を換えた。その後も経営は安定せず、島田は1908年末経営権を「報知新聞」に譲渡し身を引いた（武藤 2022, 110; 203–4）。
7) 引用文献としては、渋沢 1911 と表示する。
8) この施設の管理、また財源は紆余曲折がありここでは触れない。当時は、財政や人事などは東京市会の管理下にあったが、形式上は行政から独立していたという事実を指摘するにとどめる。
9) 明治十四年太政官布告第六十三号（褒章条例）については以下を参照。https://elaws.e-gov.go.jp/document?lawid=114DF00000000 引用文献

引用文献

荒井英子　1996：『ハンセン病とキリスト教』岩波書店。
猪飼隆明　2005a：『ハンナ・リデルと回春病院』熊本出版文化会館。
猪飼隆明　2005b：『「性の隔離」と隔離政策』熊本出版文化会館。
猪飼隆明　2016：『近代日本におけるハンセン病政策の成立と病者たち』校倉書房。
石田雄　1984：『日本の社会科学』東京大学出版会。
内田守（編）　1990（1976）：『ユーカリの実るを待ちて』リデル・ライト記念老人ホーム。
片山潜／西川光二郎　1901：『日本の労働運動』労働新聞社。

窪田静太郎　1980（1900）：「貧民救済制度意見」『社会』11、37–49（再録：1980 日本社会事業大学編『窪田静太郎論集』日本社会事業大学、154–159）。

佐藤正紀　2014：『新版 勲章と褒章』全国官報販売協同組合。

渋沢栄一（述）小田中太郎（筆）1922：『回顧五十年』東京市養育院。

渋沢青淵記念財団竜門社（編）1959：『渋沢栄一伝記資料 第24巻』渋沢栄一伝記資料刊行会。

商兆琦　2020：『鉱毒事件と明治知識人』東京大学出版会。

飛松甚吾　1993（1934）：『ミス　ハンナリデル』リデル・ライト両女史顕彰会。

中村茂　2007：『草津「喜びの谷」物語　コンウォール・リーとハンセン病』教文館。

平井雄一郎　2009a：「東京市養育院『回春病棟』設置時期の再検討」『日本医学誌雑誌』55/4、427–443。

平井雄一郎　2009b：「光田健輔と『回春病棟』という記憶」『日本医学誌雑誌』55/4、445–416。

ボイド、ハンナ　1995：『ハンナ・リデル：ハンセン病救済に捧げた一生』吉川明希（訳）、日本経済新聞社。

光田健輔　1902：「癩病隔離所設立の必要に就て」『東京市養育院月報』12、3–5。

光田健輔　1906：「癩病患者に対する処置に就て」『東京市養育院月報』59、3–12。

光田健輔　1937：「救癩事業に点火したリデル嬢」『愛生』7/4、2–5。

武藤秀太郎　2022：『島田三郎』ミネルヴァ書房。

リデル、ハンナ　1915：「癩の救済及予防問題」『日本之医界』125号、2月21日、4–6。

リデル、ハンナ　1919：「回春病院設立の動機に就て」『救済研究』7/8、800–818。

Hannah Riddell Honored by Medal with Blue Ribbon:

The Turning Point in Japanese Measures against Leprosy

by MATSUOKA Hideaki

Hannah Riddell (1855–1932), a Church of England missionary to Japan, set up a leprosarium named Kaishun Hospital in Kumamoto in 1895. After struggling with the Church Mission Society that sent her to Japan, Riddell quit the society in 1900. Her hospital soon faced economic hardship and Riddell started making contact with significant persons at that time such as Ōkuma Shigenobu and Shibusawa Eiichi. Moved by her devotion to those afflicted by leprosy, Ōkuma and Shibusawa held a meeting regarding leprosy on November 6, 1905. Some thirty influential politicians, businessmen, medical doctors and journalists got together and decided to help Riddell financially and also establish a committee for enacting a law regarding leprosy in the future. The committee led the government of Japan to enact the first leprosy prevention law in 1907. The law, however, was not accordant with Riddell's policy by that time. The November 1905 meeting was the turning point where the authorities started transforming leprosy into an object of social work from that of a charitable enterprise. The reasons why Riddell was honored by the Medal with Blue Ribbon in 1906 were not only because of her charitable work for leprosy patients but also due to the fact that she, though not intentionally, created an opportunity to enact Japan's first leprosy prevention law.

死生学文献紹介

浮ヶ谷幸代・田代志門・山田慎也編
『現代日本の「看取り文化」を構想する』

東京大学出版会、2022年8月、378＋9頁

奥山　倫明

1. コロナ禍の状況

2017年10月から2020年3月に国立民族学博物館共同研究として実施された「現代日本における『看取り文化』の再構築に関する人類学的研究」の研究成果として、本論集は刊行された。2020年3月と言えば、日本にもコロナ禍が及び始めた時期である。新型コロナウイルス感染症が政令で「指定感染症」と定められ、クルーズ客船ダイヤモンド・プリンセス号が横浜港で検疫措置の対象となり、さらにそれとは別に国内での感染・死亡事例が確認されたのが同年2月だった。このため本書においても研究期間終了後にコロナ禍関連の章・コラムが追加して収録され、内容の拡充が図られている。この共同研究の当初の目的からすると付随的な部分だが、まずはこれらコロナ関連の部分を紹介する。

田中大介氏の「補論　COVID-19と葬儀業」は大阪市内に本社を置く大手の葬儀業者（京阪互助センター）の2020年初頭の対応について、2020年7～8月のインタビューをもとにまとめている（2021年5月に執筆）。この年3月以降、芸能人の死去に関する報道などからも知られるようになった感染予防を意図した遺体の取り扱い上の注意が、葬儀関連業でもガイドラインとしてまとめられるようになる。遺体搬送の業界団体が「霊柩運送事業における新型コロナウイルス感染予防対策ガイドライン」を発表したのが5月18日であり、厚生労働省と経済産業省が遺体の処置、搬送、葬儀、火葬等に関してガイドラインを示したのは2ヵ月以上過ぎた7月29日だった。京阪互助センターがCOVID-19陽性の（疑いのある）遺体を最初に請け負ったのは4月中旬であり、その後、ノウハウとスキルを蓄積し、他の業者とも情報交換を続け、COVID-19への対処法が形成されていく。田中氏はパンデミックが現代の葬儀に与えた影響として、葬儀実践への制約の強化、簡素化の促進の可能性を指摘し、「葬儀を行う『理由』や『必要性』を

再考させる機会を人々にもたらした」という。また、自分たちが遺体を受け止める（しかない）という使命感を含む職業意識が、葬儀業従事者において再認識される機会にもなったことが示されている。

緩和ケア医の新城拓也氏は「病院残酷物語—この一年間私が見てきたもの」と題したコラム5で、終末期の入院患者に対する家族（や見舞い客）の面会の機会が、コロナ禍で（患者も家族もコロナに感染していなくても）人数としても時間としても制限されたことを記している。それにより亡くなる前から長い時間をかけて経験していく喪の機会が奪われていることについて、医療者が「死者とその家族に与えた不条理な犠牲」と呼び、「せめて私たち医療者が人々に与えている不条理の意味を知ろうとしなくては、無口な死者と、思慮深い遺族は、その思いを私たちに教えてくれることはないと思うのです」と結んでいる。

こうしたコロナ禍の看取りに関する記録を巻末に収める本書は、以下のような構成の本篇を収録している。「第Ⅰ部、『死と看取り』研究の射程」（1～3章とコラム1）、「第Ⅱ部、死にゆくことと看取ること」（4～7章とコラム2）、「第Ⅲ部、最期を迎える場所」（8～10章とコラム3）、「第Ⅳ部、コミュニティによる看取りの力」（11～13章、補論とコラム4～5）。第Ⅰ部、第Ⅱ部においては、人類学的研究の成果報告だけあって、海外の事例に基づく章（2、6、7章、それぞれの著者は、渥美一弥、鈴木勝己、福井栄二郎の各氏）も収めているが、ここではそれらに触れることは省略し、以下では日本国内の事例研究と理論的研究について概観しておく。コロナ禍の事例について触れたのに続けて、第Ⅲ部以降で論じられる地域に根差した現場に即した諸事例の方から見ていきたい。

2. 地域における具体的な取り組み

相澤出氏による「第8章　介護と看取りをめぐる集合的記憶と開かれた記録—二ツ井ふくし会の『ホームカミング』と『あんしんノート』を事例として」は、副題に挙げられる秋田県能代市の社会福祉法人での二つの実践に注目する。「ホームカミング」は特別養護老人ホームにおいて、「入居者や長期の施設利用者が、自宅に戻る機会を積極的に作る企画である」といい、「あんしんノートは、二ツ井ふくし会が自主作成したオリジナルのエンディングノートである」という。前者に関して同会は、「ホームカミングを実施する前には、日程が決まった時点で親類や隣近所、友人などに久々の帰宅があることを伝えるように家族に助言し、当日の手助けも行っている」という。本人と家族だけでなく、親類や地域もホームカミングを体験してもらうことが目指されている。同会では終末期においても積極的に自宅に戻る機会が設けられている。相澤氏が出くわした例では、特別養護老人ホーム（特養）に入居する90代の女性が看取りの状態になり、担当医、職員、家族の話し合いにより自宅に戻ることになった。特養入居後も本人の希望でホームカミングをたびたび行っていた方で、最後は自宅で家族に見守られながら亡くなったという。「あんしんノート」の方は、「地元の人々に老いと看取りについて考えてもらうためのきっかけづくり」として作成され、地域で配布されている(2014年の初版は無料、2018年の増補改訂版は200円で頒布)。このノートは二ツ井ふくし会で経験されたケア、看取り、延命治療などについて事例として提示しており、特に増補改訂版では、終末期のホームカミングと在宅での看取りを「地元で可能な選択肢として」紹介している。相澤氏は、終末期も含むホームカミングの実施についてこうまとめている。「こうして地域内で繰り返し生じ、積み重ねられたケアの体験とその記憶は、自宅での看取りやホームカミングを直接体験した人や、間接的に見聞きした地域住民と地域の専門職間に、個別のケアをめぐる記憶や物語を呼び起こし、さらにそれらを同様の経験を有する人々の間で結びつけるメディアとしても機能しうる。」こうして、「想起される介護や看取りの物語は、広く人々の関心を集めて新たな結びつきをつくり、あるいは体験を共有する人々に思い出されるとき、その人々を結びつける」と捉えられている。

編者でもある浮ヶ谷幸代氏の「第9章　ルームシェアで最期を迎える―神奈川県藤沢市UR住宅の小規模多機能ホーム〈ぐるんとびー〉の取り組みから」は、小規模多機能型居宅介護施設（以下、小規模多機能ホーム）が、高齢者が「住み慣れた場所でいつまでも」暮らすことのできる「エイジング・イン・プレイス」の概念と共通性をもつことを指摘し、具体例を論じている。2006年の介護保険制度の地域密着型サービスの一つとして制度化された小規模多機能ホームは、「高齢者本人の状態や希望に応じて『通い』『宿泊』『訪問』を組み合わせ、自宅で継続して生活できるような支援を提供する」施設である。浮ヶ谷氏が例として取り上げる〈ぐるんとびー〉はデンマークの教育者ニコライ・グルントヴィに触発された「よりよく生きる」のスローガンのもと運営されており、2019年3月現在、29名の利用者のほとんどが認知症の高齢者だという。スタッフ同伴で習い事や趣味、スポーツの経験を再開した利用者もおり、「認知症ゆえに地域から一度は隔絶された高齢者を暮らしの場所に再び埋め込むこと」が実現されている。また独居高齢者とシングルマザーをマッチングし、高齢者による材料費の負担でシングルマザーとその子どもが一緒に夕食を囲む世代間交流の仕組みが作られている。〈ぐるんとびー〉はUR住宅の一画に開設されており、利用者、スタッフらがUR住宅に入居し、〈ぐるんとびー〉とURの自治会とのあいだで（異論はありつつも）一定の交流が生まれているという。この入居の形態の一つとしてルームシェアがあり、そこが最後の場所＝看取りの場所にもなりつつある。「〈ぐるんとびー〉によるケア実践は、どこからどこまでがケアなのか、それはケアと呼べるのか、ケアのあいまいさが常につきまとう実践なのである」と捉えられ、また小規模多機能ホームとしての経営的問題もあることが指摘されるが、「看取り文化」生成の可能性を含む場所として浮ヶ谷氏は着目している。なお〈ぐるんとびー〉の代表の菅原健介氏へのインタビューの記録が、コラム3「地域を一つの大きな家族に」と題して収録されている。

加賀谷真梨氏による「第10章　シマで老いて死ぬということ―沖縄島嶼社会における高齢者介護」は、宮古諸島の最北端に位置する池間島と、日本最南端の波照間島における小規模多機能型居宅介護の実践を論じている。著者は池間島でも波照間島でも（介護施設でよりも）家での死に高い価値が置かれていること、祖先祭祀の空間としての家の重要性が死にゆく人にも看取る人にも認識されていることを指摘している。なお、池間島の事業所では、年中行事の日における介護サービスの提供を徐々に縮小してきたという。これについて加賀谷氏は、事業所の管理者兼ケアマネージャーの方が「家族と専門職との間の絶対的な位相、家族にしかできない役割があることに気づき、家族に高齢者ケアを託したと思われる」と論じている。また介護実践者が遺体の処理に係わった場合に生じる死穢との関連で、介護者が家族・親族とともに禁忌の対象となった例についても言及される。章末で著者は、アネマリー・モルの「ケアのロジック」の議論を援用し、ケアの実践のなかで「より善いこと」が立ち上がってくると指摘し、「ケアに従事するスタッフが、高齢者の個別の身体に接しそれに応じる過程で、人間の生に関する根源的な問いと向き合っている。こうした、道徳的問いが立ち上がる実践領域に、ケアのロジックを読み取ることができよう」と述べている。

山田千香子氏の「第 12 章　放っておかれないしま―長崎県の島の取り組みを事例として」は五島列島北端の小値賀（おぢか）町での多年にわたるフィールドワークに基づいている。この町では祭り、寄り合いといった共同慣行、ヒジキなど磯の海藻採りの共同作業を通して、共同体としての機能が維持されているとされる。とりわけ秋祭りの際には 2 週間ほど、もてなしたり、もてなされたりを繰り返すことで、親戚、友人、さらに職場の人々のあいだで交流が深まり、人間関係の確認・強化、あるいは形成・拡大がなされているという。高齢者を支える仕組みとしてはフォーマルなネットワークに加え、インフォーマルなネットワークもあるが、小値賀町では後者として近所の助け合いが確立されており、「人々の安心につながり、高齢者の生きがいを支えている」という。インタビューで聞かれた「放っておかれないしま」という言葉について山田氏は、「近隣のつきあいが濃厚であり、人と人との関係性が強い小値賀の人々の相互依存の関係を表しており、『放っておかれない』ことは、高齢者にとっての『安心』や『尊厳』、『居場所』につながっている」と述べる。強固な関係性は、当然ながら、プライバシーが脅かされる可能性や、相互の規制・牽制・監視も伴い、束縛しあう面もあるには違いないが、そうした負の側面を超えた高齢者の生きがいや幸福感が当地では実現されているというのが著者の見解である。

編者の一人、山田慎也氏による「第 13 章　近親者なき困窮高齢者の意思の実現―看取りから葬送への連続的サポート」は、「引き取り手のない遺骨が増加し、各自治体では対応に迫られている」近年の状況をふまえ、「単身の高齢者に対する取り組みを積極的に行い、他の自治体にも大きな影響を与えた神奈川県横須賀市の終活支援事業、なかでも近親者なき困窮高齢者の支援事業の調査を通して、個人化が進む現代社会における看取りから葬送への社会的サポートについて検討していきたい」との趣旨を提示する。2022 年 2 月現在 38 万人強の人口を抱え、老齢人口 31.8% という横須賀市では、2000 年以降、「身元が判明しても、引き取り先が見つからない遺骨が増加」し、2010 年以降は、40 ～ 50 人近くで推移しているという。これを受け市は、2015 年から「身寄りのない経済的弱者が、終末期や死後の対応についての本人の意思を実現するための事業として」、エンディングプラン・サポート事業を開始した。山田はこの事業の概要を記したうえで、以下のように現状をまとめている。2019 年 5 月までに 40 件の登録があり、11 件が執行された。この 11 人の故人のうち 8 人は子どもや兄弟姉妹という二親等内の親族がいたが、諸事情により頼ることはできなくなっていたという。また戸籍法が定める死亡届について、この制度では「親族からの届け出が期待できない場合には、福祉事務所長が届出人となることで、その不在を補おうとする」とのことで、11 人中 5 人が福祉事務所長を指定していた。この制度では希望者がリビングウィル（延命治療や緩和治療の希望の有無など）を作成することができ、9 人が延命措置を希望しないと意思表示していた。なお、先の 40 件のうち 1 件解約があった。それは疎遠だった長男がこの契約を通じて衰弱していた父と交流を再開し、父と子が和解したことで解約に至ったのだという。なお「生から死への連続的な対応への意思表示と、その情報の保管、開示の必要性は、身寄りのない人だけでなく、高齢者一般にも必要であり」、「高齢者二人暮らしなどでも当事者の情報がわからない事態が生じている」状況を受け、横須賀市は情報のハブとして 2018 年 5 月に「わたしの終活登録事業」を開始した。さらにエンディングプラン・サポート事業も全国の市町村に少しずつ広がっていることから、山田氏は「死と看取りを新たに社会的に支えようとする萌芽もみられるのである」と結んでいる。

3. 理論や概念について

順番が逆になったが本書の前半に収録されている理論的な問題に触れた諸章についても、「看取り文化」を構想するという表題を念頭に置きながら参照しておく。

田中大介氏と編者の一人、田代志門氏による「第 1 章 『死の研究』の現在―人類学・社会学の系譜から」は、「死の研究（デス・スタディーズ）」の潮流（「死の心理」、キューブラー = ロスの研究、「死の社会学」の研究など）を論じたのちに、「葬制・死者儀礼の研究」と「死にゆく過程の研究」という二つの主題に絞って研究動向を概観している。前者については、死の象徴性、葬制とイデオロギー、産業化社会の葬制と死者儀礼といった項目が立てられ、後者については、死にゆく過程の「医療化」、死にゆく人々の経験へ、死にゆく過程における「主体性」といった項目が立てられている。この最後の項目に関連して、田代氏の旧稿では、「現代的な死にゆく過程には本人が選択しうることと選択しえないことが入り混じっており、その両者を同時に記述する必要があると指摘している」と振り返り、「そうすることによって、現代的な死にゆく過程研究は、選択や自己決定の重要性を踏まえつつも、それだけではままならない事情をより説得力を持って描くことができる」と指摘する。この章の末尾では、特にアラン・ケレハーのCompassionate Communitiesの構想について取り上げ、そこで言われるコンパッションの倫理について、「同じコミュニティで暮らす人びとの間で死と喪失に関する苦しみや悲しみを分かち合うことであり、ケレハーはこの倫理がコミュニティの構成員が健やかに生きるためには必要だという」と要約している。田中氏と田代氏は「ケレハーが広範囲の社会的ネットワークによる支援関係の構築に着目している点」を重視し、本書自体が「看取りに関する新たなネットワーク構築の動きを『看取りの文化の再構築』と名付け」、その可能性を検討するものと位置付けている。そのネットワーク構築については、「現在では医療者と葬儀業者によって別々に扱われている死にゆく過程と死後のケアを結び付けるとともに、専門職をも含む形で新たな協力のネットワークを編み上げることを目指す」としている。

浮ヶ谷氏による「第3章　現代日本の『看取り文化』を構想する四つの視座」は、章題に掲げる四つの視座として、①看取りの現場に現れるケアのあいまい性と創造性、②死と看取りをめぐる選択、③エイジング・イン・プレイスと最期を迎える場所の問題、④看取りと地域コミュニティ、を挙げて論じていく。①ではアネマリー・モルのケア論を参照し、ケアが他の実践と連続し、ケアの対象の心身状態の可変性に応じてケアもつねに流動的、不確かなものだとされ、ケアの提供者とケアを受ける人の話し合いが重要であり、間違った場合にもその事実に向きあうことで事態を好転させることが目指されると論じられる。またケアを受ける人の当事者性にも着目すべきだという。②については、終末期医療や最期を迎える場所の選択に関して、スーザン・ロングを参照して「本人の意思ではなく、それにかかわる家族や親せき、友人、知人、医療スタッフとの関係性、そして死についての社会的価値観」が影響を及ぼしていること、またモルを参照し「自律性や首尾一貫性、合理性を前提とする自由に選択できる自己」とは別に、「関係性に埋め込まれた自己、もしくは可変的で自己の輪郭があいまいなまま、ときに依存的とさえ見える自己」が選択に係わっていることを指摘している。③についてはエイジング・イン・プレイスの概念の由来にふれたのち、現象学的地理学者エドワード・レルフを参照して、「場所とアイデンティティの結びつきという視点」を取り出し、次いで、建築学の外山義（とやまただし）が提唱した、「自宅と施設の二項対立を乗り越える『自宅でない在宅』」という概念にふれる。これに関して「職員と入所高齢者との関係が『介護する、介護される』という一方的な関係とはならない『人と人との関係』があれば、そこは『在宅』である」と捉えられている。④について、ケレハーの議論に加え、人類学者フィリップ・スタフォードによる「高齢者にやさしいコミュニティ」の概念を参照している。この考えをもとに、WHOの「グローバル・エイジフレンドリー・シティ」プロジェクトが立ち上がっている。これに関連して、鈴木七美の研究にふれ「コミュニティは『そこにあるもの』ではなく、そこに暮らす人々が自然環境と社会環境に不断に働きかけ、その変化に対応しながら作り続けていくプロセスである」と捉えられている。また「既存のコミュニティをベースとして、高齢者介護や看取りにかかわる人との関係性が埋め込まれている地域コミュニティに注目した研究」として速水洋子の編著が言及されている。

田代志門氏による「第4章　看取りにおける『本人の意向の尊重』とは―病いの語り研究から意思決定支援へ」は、2000年代以降の、「終末期の治療・ケアの方針に関しては、病名や病状のみならず、予後の見込みを含めて本人に十分な情報提供がなされたうえで、早い段階から繰り返し話し合うことが『よいこと』だと考えられるようになっている」状況のなかで、「『本人の意向の尊重』とはどのような実践なのか」を問い直す。ここで著者は2006〜8年に行なった在宅療養中の終末期がん患者10名へのインタビューを再考し、人生経験についての語りと病気の経験についての語りの関係について検討している。安藤さん（仮名）の事例では、仕事についての前後の語りに薄く挟み込まれ病気についての語りという語り方の順序／構造になっていた（「挟み込み型」と呼ばれる）。他方、成田さん（仮名）の事例では、世間話（「脱線」の語り）と病気の経験についての語りとの一見したところの無関係が、実は「独特の結びつき方をしている可能性」があると気づかれている（戦争や報復、それに対する平和という語が二つの語りを媒介している）。田代氏はこの独特な結びつきについて、「メタファー結節型」と読んでいる。こうした考察を経て、氏は「『本人の意向』と呼ばれるものは、必ずしもそれ独立で存在しているとは限らず、その人の人生や生活の事情のなかに深く埋め込まれている」と指摘している。最終的に著者は、「私たちは病いの語りが想定以上に複雑な構造を持っていることを示し続けることによって、『本人の意向』は常に聞かれていない可能性があることを繰り返し示していく必要がある」と提起している。

浮ヶ谷氏による「第5章　死にゆく人の思いの力―ゆらぎ・ふりまわし・まきこみながら」は、「遺された者が死にゆく人の思いや看取りの経験を自らに引き受けること」に着目し、それを「看取り経験を通して遺された家族や友人、スタッフが『死にゆく人の意思』をいかに引き継ぐかという『看取りの継承性』」と呼んでいる。この章ではそれが二つの事例を通して検討されている。一つ目の例は、北海道えりも町の八重さん（仮名、88歳）で、2017年夏までは昆布漁を手伝っていたが、その時期に胆管がんと診断された。本人は入院を望まず、「訪問診療と訪問看護を利用しながら痛みコントロール」を続け、12月31日に家族、親戚がそろったなかで最期を迎えた。「八重さんが最後まで自宅で暮らしたいという意思は、兄や甥といった近親者の死に遭遇したこと、不自由な入院経験があったこと、そして生前から死に方について家族と語り合っていたことによって醸成された」とされ、さらに「近い将来起こり得る不確定な現実（いつ死が訪れるか）に向かって、ともに歩んでくれる家族とスタッフに支えられていた」と捉えられている。さらに、看取りの中心となった三女（60歳）、次女の娘（37歳）、次女の娘の息子（3歳）のそれぞれが、看取りの経験を継承していることが記されている。二つ目の事例は、上述の〈ぐるんとびー〉の利用者、大谷さん（仮名、51歳）で、2019年6月に亡くなった。大谷さんはわがままな人で最期までその態度を貫いたと記されており、〈ぐるんとびー〉でも約束や決まり事を守らなかったが、施設の理念に沿い本人の意思が尊重された。「大谷さんにとって〈ぐるんとびー〉のスタッフで相性がいい人はごく一部だった」というが、その一部のスタッフとのあいだでは「友人関係や知人関係のような双方向の関係が生まれている」とされ、「サービス時間内のケアの延長線上に利用者とのそれぞれの付き合いがあり、状況依存的なケアが日常の中に埋め込まれていた」という。この二人の最後の迎え方は、「どちらも本人の意思をそれなりに尊重する家族やスタッフに支えられた『死』」であり、またどちらも「その『生』を最後まで支えた人に『死にゆくこと』の意味を遺している」と捉えられている。そのうえで、「看取り経験を通して問われるのは、本人の意思を遺された者にいかに伝えるかだけではなく、遺された者もまた死にゆく本人からなにを受けとるかという問いである」と記される。浮ヶ谷氏は、「八重さんと大谷さんの場合、家族やスタッフが直接看取りに参加することで死が『わがこと』になった事例である」と捉え、「死が『わがこと』になれば、最期の迎え方だけではなく生きる意味を考えるようになり、看取り経験を契機に来るべき『わが死』の新たな位相が見えてくるのではないだろうか」と示唆している。

松繁卓哉氏による「第11章　コミュニティとシステム—看取りを支える互助の課題」は、現在、整備が進められている「地域包括ケアシステム」を取り上げ、「人々の地域生活を支えるうえで医療・介護のフォーマルサービス（「公助」「共助」）が、地域社会の住民らによるインフォーマルなケアの資源（「互助」「自助」）と組み合わせられて実現する『包括ケア』の現状と課題を整理する」章である。ところで、2005年以降、死亡場所としての医療機関の割合が減少傾向を示していることについて、特別養護老人ホームや介護老人保健施設などの介護施設での死亡が増えていることをふまえ、松繁氏は、「血縁者による見取りから介護保険によるサービス提供者による『看取り』が今後ますます拡大していくことが予想されることがわかる」と指摘する。他方、「医療・介護のフォーマル・サービス体制の持続可能性が危ぶまれる中、すでに『介護予防』の領域では、地域社会のインフォーマルなケア資源が動員されてきている」ことから、「おそらくは近い将来において『看取り』においても同様の流れが出てくることが予想されるだろう」と見られている。この介護予防については、2015年に厚生労働省が「介護予防・日常生活支援新総合事業のガイドライン」を発表し、次いで2020年に同省は介護保険法の改正省令を通知した。これにより総合事業の利用者である要支援者が要介護認定となったあとも、継続してサービスを受けられるようになった。これに対して、「要介護状態となり、やがて終末期に至る人々が、一定の質を担保されたケアサービスを受けられるような体制が維持されなくなることに多くの人々が懸念をする」とも指摘されている。問題の複雑性そのものに留意したうえで松繁氏は、「コミュニティが看取りの主体となるのであれば、コミュニティが紡いできた物語に目を向け、耳を傾け、そのコンテクストに寄り添ったケアシステムを構築していくことが肝要である」と結んでいる。

なお、5篇収録されているコラムのうち3と5についてはすでに触れた。その他については、コラム1は高田大志氏による「住み慣れた場所で暮らしを下支えする」、コラム2は佐々木直秀氏による「命の終わりを取り戻せ！」、コラム4は花戸貴司氏による「医者がいなくても永源寺は心配ない」である（永源寺は地区名だが、おそらく永源寺診療所も指している）。

むすび

海外の事例を除いて、本書の概要を紹介してきた。本書を通じて、現代日本における看取りの取り組みについて具体的に学ぶことができることに加え、看取りの現場における共同性の構築のあり方、共同性の生起する場についての検討にも、読者は誘われることになろう。また、この主題の政策レベルでの課題についても、今後、考察を深めることが必要だと思われる。さらに研究者にとっては、インタビューとその記録についての繊細な解釈はどのようであるべきかについて、反省も促されるように感じられる。少なくとも本書は、多死社会における看取りのあり方について、まずは研究の礎石を築くアンソロジーと見なすことができるだろう。

東洋英和女学院大学　死生学研究所報告（2022年度）

§構成メンバー

所　長：奥山倫明　人間科学部人間科学科教授
副所長：小坂和子　人間科学部人間科学科教授
幹　事：秋本倫子　人間科学部人間科学科准教授
幹　事：新村秀人　人間科学部人間科学科教授
幹　事：田中智彦　人間科学部人間科学科教授
顧　問：山田和夫　人間科学研究科客員教授

§〈公開〉連続講座「死生学の拡がり」（オンライン開催）

第1回　2022年4月16日（土）16:20～17:50
権藤恭之（大阪大学大学院人間科学研究科教授）「老年的超越について」

第2回　2022年5月28日（土）16:30～18:00
石丸昌彦（放送大学教授）「こころの健康と死生観」

第3回　2022年6月18日（土）16:20～17:50
佐藤啓介（上智大学大学院実践宗教学研究科教授）「死者を倫理的に配慮すべき理由―死者の存在論と死者の関係論」

第4回　2022年7月9日（土）16:20～17:50
日笠晴香（岡山大学学術研究院ヘルスシステム統合科学学域講師）「意思決定できないと判断される人にとっての『よい選択』について考える」

第5回　2022年9月3日（土）16:20～17:50
佐藤眞一（社会福祉法人大阪社会福祉事業団特別顧問・大阪大学名誉教授）「認知症の心理学―認知症の人の心の世界」

第6回　2022年11月12日（土）16:20～17:50
小松美彦（東京大学大学院総合文化研究科客員教授）「『〈反延命〉主義』とその根源」

第7回　2023年1月28日（土）16:20～17:50
柘植あづみ（明治学院大学副学長・社会学部教授）「『いのちをつなげる』という観念をめぐる考察―親になることと生殖技術」

§〈公開〉シンポジウム

2022年度「生と死」研究会（公益財団法人国際宗教研究所との共催）
2022年10月22日（土）14:40～17:50

テーマ：「現代スピリチュアリティの諸問題」

発題(1)　伊藤雅之（愛知学院大学文学部宗教文化学科教授）「21 世紀のスピリチュアリティ文化―コロナ禍での持続と変容」

発題(2)　橋迫瑞穂（立教大学社会学部他兼任講師）「スピリチュアリティとフェミニズムの〈あいだ〉―妊娠・出産・育児をめぐって」

§研究協力

上記のように、公益財団法人国際宗教研究所との共催でシンポジウムを企画した。

§大学図書館のリポジトリに『死生学年報』掲載稿公開

本学図書館からの要請を受け、『死生学年報』掲載稿の図書館リポジトリへの PDF 公開を順次行っている。https://toyoeiwa.repo.nii.ac.jp/

§刊行物

『死生学年報 2023 死生学の拡がり』リトン、2023 年 3 月 15 日発行。

なお、昨年同様、英文校閲は関西学院大学社会学部助教 Timothy O. Benedict 氏に依頼した。

§幹事会

2 回（4 月 4 日、1 月 18 日、その他、適宜メール会議で意見交換を実施）

§死生学年報編集会議

メール会議にて適宜開催した。

§ウェブサイト更新

本研究所のホームページについて、今年度の情報を更新した。

https://www.toyoeiwa.ac.jp/daigakuin/shiseigaku/

§役員の業績

2022 年 4 月から 2023 年 3 月までの業績を種類別に列記する。ただし『死生学年報 2022』の役員業績に未記載のものは遡及して掲載。

＊秋本倫子（修士（文学）、臨床心理学）

［学会発表］

・小林能成・秋本倫子・田中琢真・久保田泰考・石原　宏・伊藤淳子・成田慶一・星詳子・精山明敏「携帯型 NIRS ハイパースキャニングによる箱庭療法中のクライエ

ントーセラピスト相互作用の検討」日本心理学会第86回大会（日本大学文理学部、ポスター発表)、2022年9月10日。
・秋本倫子・石原 宏・伊藤淳子「携帯型脳活動計測装置を用いた箱庭セッション中の脳活動計測の試み2」日本箱庭療法学会第35回大会（鳴門教育大学)、2022年10月16日。

[公開講座]

・東洋英和女学院大学生涯学習センター学部公開講座「人生後半の心理学」2021年9月23日～2023年2月3日（全15回)。

[シンポジウム講演]

・「歪められたエビデンスとつくられたコロナ禍」公募シンポジウム「心理学者はコロナとどう向き合うか？」企画者：青野篤子、司会：田口久美子、話題提供者：坂西友秀・秋本倫子・細見直史・いとうたけひこ・荒尾貞一、日本心理学会第86回大会（オンデマンド動画公開)、2022年9月8日～10月11日。
・「箱庭療法における共感　NIRSと動画を用いた詳細分析」日本心理臨床学会第41回大会自主シンポジウム（Zoom開催)、話題提供者：岸本寛史・秋本倫子・久保田泰考・成田慶一、2022年9月24日。

＊奥山倫明（博士（文学)、宗教学・宗教史学)

[学会発表]

・「「セム的一神教」概念の再検討」日本宗教学会第81回学術大会（愛知学院大学、オンライン発表)、2022年9月10日。

[公開講座]

・東洋英和女学院大学生涯学習センター公開講座「人文系翻訳入門」2022年10月7日～2023年2月17日（全15回)。

＊小坂和子（教育学修士　臨床心理学・分析心理学)

[論文]

・「play therapyにおける包括的治療機序試論―『陶冶（Bildung)』の視点から」『東洋英和女学院大学心理相談室紀要』vol. 25・26, 2022年12月、15-22頁。

「研修会講師」

・教育相談機関　研修会講師（東京都、神奈川県）9月6日、11月25日、11月29日、1月30日／2月21日（予定）

[エッセイ]

・「ろうそくの灯」『東洋英和女学院　説教集』第5号、2022年11月、14-17頁。

＊田中智彦（修士（政治学)、倫理学・思想史）

［論文］

・「『死者を想う』ということ―死生学についての覚書」『死生学年報 2022』2022 年 3 月、191-211 頁。

［書評］

・「本質を見定めて思考を進めるために―生命をめぐるよき道案内の書：柘植あづみ『生殖技術と親になること―不妊治療と出生前検査がもたらす葛藤』（みすず書房、2022 年)」、『週刊読書人』2022 年 5 月 13 日号。

＊新村秀人（博士（医学)、精神医学）

［書籍］

・「精神科リハビリテーション」三村將編集『精神科レジデントマニュアル 第 2 版』医学書院、2022 年 3 月、81–86 頁。

・「障害者総合支援法・障害年金制度など」三村將編集『精神科レジデントマニュアル 第 2 版』医学書院、2022 年 3 月、304-305 頁。

・「精神科リハビリテーションと関連法規」先崎章監修、仙波浩幸、香山明美編集『PT・OT ビジュアルテキスト 専門基礎 精神医学 第 1 版』羊土社、2022 年 10 月、209-228 頁。

［論文］

（単著）

・“A Psychotherapeutic Approach Appropriate for Older Adults: Supporting a Way of Life not Opposed to Living, Aging, Suffering, and Dying.” *Psychiatria et Neruologia Japonica*, 122: 528-535, 2022 年。

・「ポストコロナ禍の精神科診療－ Telepsychiatry, Telehealth, eHealth の活用」『産業精神保健』30(特別)、2022 年 6 月、76-79 頁。

・「自殺企図 (未遂) 私の治療」『日本医事新報』5126 号、日本医事新報社、2022 年 7 月、43 頁。

・「森田療法 , 内観療法からみたマインドフルネスとコンパッション」『精神療法』48(5)、2022 年 10 月、42-48 頁。

・「高齢者の社会的孤立・孤独と抑うつ・不安」『老年精神医学会雑誌』34(2)、2023 年 2 月（印刷中)。

（共著）

・Sone D, Beheshti I, Shinagawa S, Niimura H, Kobayashi N, Kida H, Shikimoto R, Noda Y, Nakajima S, Bun S, Mimura M, Shigeta M., “Neuroimaging-driven brain-age is associated with life satisfaction in cognitively unimpaired elderly: A community-based study.” *Translational Psychiatry* 12(1):25. doi: 10.1038/

s41398-022-01793-5、2022 年 1 月。
・Nakamura M, Niimura H, Kitanishi K., “A century of Morita therapy: What has and has not changed.” *Asia-Pacific Psychiatry*; e12511. doi: 10.1111/appy.12511、2022 年 4 月。
・Yagasaki K, Komatsu H, Niimura H., “Process of Inner Change in Advanced Age: A Qualitative Study of Old Adults in Their Early 90s.” *BMC Geriatrics*, 22:945 https://doi.org/10.1186/s12877-022-03665-5、2022 年 12 月。
・新村秀人、水野雅文「精神障害者の加齢に伴う問題とその支援」『総合リハビリテーション』50(6)、2022 年 6 月、639-646 頁。
・高田雅子、新村秀人「終末期肺がん患者に対する理学療法介入においてスピリチュアルケアを行った一例」『スピリチュアルケア研究』6、2022 年 8 月、115-128 頁。
・福島沙紀、山田和夫、新村秀人「緩和ケアに従事する看護師のグリーフに関する一考察―公認されない悲嘆によるバーンアウトの可能性―」『グリーフ＆ビリーブメント研究』3、2022 年 12 月。

[学会発表]

・Niimura. H., “The psychological and cultural influence caused by preventing COVID-19 infection.” EAACP Zoom meeting, 2022 年 11 月 21 日。
・松本佐知子、江口洋子、深堀浩樹、真志田祐里子、文鐘玉、新村秀人、三村將「超高齢者の『比較的自立した生活』に関する研究：インタビュー調査によるエイジング・イン・プレイスの概念の探索」第 24 回日本老年行動科学会（京都）、2022 年 11 月 13 日。
・喜田恒、新村秀人、江口洋子、西田晴菜、鈴木航太、色本涼、文鐘玉、高山緑、三村將「超高齢者の人生満足度に寄与する心理社会的因子 Arakawa95+/85+ Study」第 41 回日本認知症学会学術集会 / 第 37 回日本老年精神医学会（東京）、2022 年 11 月 23-25 日。
・文鐘玉、新村秀人、喜田恒、色本涼、三村將「荒川区コホート研究の最新知見」第 41 回日本認知症学会学術集会 / 第 37 回日本老年精神医学会（東京）、2022 年 11 月 23-25 日。
・新村秀人「森田療法・内観療法からみたセルフ・コンパッション」第 39 回日本森田療法学会（web）、2022 年 12 月 3-4 日。
・喜田恒、根本隆洋、新村秀人、三村將、佐久間啓、水野雅文「地域生活する統合失調症高齢者の主観的幸福感とその生活状況やパーソナリティ特性との関連について：ささがわプロジェクト 20 年」第 41 回日本社会精神医学会（神戸）、2023 年 3 月 16-17 日。

[研究会発表]

・“To expand and deepen Morita Therapy,” The 7th International Roundtable for the Advancement of Morita Therapy(web)、2022 年 12 月 3 日。

[シンポジウム]

・「ひきこもりと森田療法」ワークショップ 3 ひきこもり、東アジア文化精神医学会（福岡・web)、2022 年 4 月 26 日。

・「がん治療手術への本人同意が得られない場合、家族同意とすることは妥当か」委員会シンポジウム（医療倫理委員会）精神科臨床倫理の在り処その 7 治療同意を得られない患者への支援と倫理的課題、第 118 回日本精神神経学会学術総会（福岡）2022 年 6 月 16-18 日。

・「悪循環を打破する逆説的介入」委員会シンポジウム (精神療法委員会) 日常臨床における精神療法的アプローチ―時間的制約のなかで何ができるのか、第 118 回日本精神神経学会学術総会（福岡)、2022 年 6 月 16-18 日。

・「森田療法と技法：心的流動性と行動的体験へと促す介入」シンポジウム 精神療法と技法―治療理論との必然的結びつきに着目して、第 118 回日本精神神経学会学術総会（福岡)、2022 年 6 月 16-18 日。

・「東京都荒川区高齢者／超高齢者コホートにおける生物学的研究」シンポジウム 14 認知症コホートを用いた生物学的研究の最前線、BPCNPNPPP 4 学会合同年会（東京)、2022 年 11 月 4 日。

[研修会講師]

・「医療倫理／臨床倫理と治療同意―治療同意が得られない場合にどうするか」第 16 回生涯教育研修会（医療倫理)、第 118 回日本精神神経学会学術総会（福岡)、2022 年 6 月 16-18 日。

＊山田和夫（博士（医学)、臨床死生学・精神医学・病跡学・精神薬理学)

[論文]

・「COVID-19 禍の実存の危機と増大する命の脅威―これからも続く不安な時代を生き抜くために―」『東京大学大学院教育学研究科心理教育相談室年報』17、2022 年 8 月、6-10 頁。

・「コロナ禍急増した実存の危機としての思春期うつ病と自殺」『心と社会』53 巻 3 号、2022 年 9 月、7-81 頁。

・「追悼文　中井久夫先生の思い出」『日本病跡学雑誌』102、2022 年 12 月、68-69 頁。

・「安倍元首相狙撃事件によって炙り出された旧統一教会による家庭破壊と事件の背景」『心と社会』54 巻 1 号、2023 年 3 月、印刷中。

[学会発表]

・「不安症の発見と治療：S. フロイトの病跡から」第 14 回日本不安症学会学術大会、東京、2022 年 5 月。

・「コロナ禍急増した実存の危機としての思春期うつ病　病態・背景・治療」第19回日本うつ病学会総会、大分、2022年7月。
・「S. フロイトとC.G. ユングの出会い・対立・決別と病跡」第69回日本病跡学会総会、筑波、2022年7月。
・「殺人自殺『拡人自殺・無理心中』の起きて来た背景とその予防対策」第46回日本自殺予防学会総会、熊本、2022年9月。
・「西丸四方先生の家系と精神医学史的業績」第25回日本精神医学史学会大会、松本、2022年10月。
・「『死なせて欲しい』と言った後神秘体験をしスピリチュアリティが覚醒し回復した生命科学者柳澤桂子氏の霊性と死生観」第27回日本臨床死生学会年次大会、東京、2022年10月。
・「実存の危機を抱えて苦悩していたが神秘体験によって回復した一事例」第15回日本スピリチュアルケア学会学術大会、神戸、2022年10月。
・「C.G. ユングの分析心理学と柳田國男の日本民俗学の比較文化精神医学」第29回多文化間精神医学会、大津、2023年1月。

[研究会講演]

・「COVID-19禍：実存の危機　急増しているうつ病の診立てと自殺予防に必要な薬物療法　最新の抗うつ薬Trintellix®の臨床的有用性」S-RIM講演会、2022年2月2日。
・「双極性うつ病に対するビプレッソ®の臨床的有用性」双極症治療研究会、2022年2月3日。
・「双極症に対するAripiprazole LAIの臨床的有用性」精神科薬物療法の未来を考える会、2022年2月10日。
・「精神科における便秘治療の有用性と現状の問題」精神科の便秘治療を考える会、2022年3月9日。
・「精巧なSDAを目指した抗精神病薬ラツーダ錠®の開発の経緯と臨床的有用性」横浜東部のメンタルヘルスを考える会、2022年2月24日。
・「うつにならない、負けない生き方」2021年度ストレス科学シンポジウム、2022年3月20日。
・「COVID-19禍：実存の危機　精神科クリニックでの統合失調症に対する治療指針」Otsuka LAI Conference、2022年3月30日。
・「Aripiprazole LAIの双極性障害に対する臨床的有用性」第14回埼玉県外来精神科診療を考える会、2022年4月13日。
・「脱BZ時代の到来　理想的な不眠症治療薬Lemborexantの薬理と臨床的有用性」名西郡医師会訪問看護ステーション委員会講演会、2022年4月21日。
・「COVID-19禍：実存の危機　クリニックでのRexulti®の有効性」CNS

Conference in Kanagawa、2022年5月18日。

- 「COVID-19禍：実存の危機　急増しているうつ病の診立てと自殺予防に必要な薬物療法　最新の抗うつ薬Trintellix®の臨床的有用性」トリンテリックスWeb講演会、2022年6月2日。
- 「統合失調症治療におけるラツーダ®の位置付け　就労・就学を目指して」統合失調症フォーラムin横浜、2022年7月20日。
- 「うつ病と自殺予防　不眠症の早期発見と治療意義―睡眠薬から不眠症治療薬へ―」不眠症診療Webセミナー、2022年11月16日。
- 「精巧なSDAを目指した抗精神病薬ラツーダ錠®の開発の経緯と臨床的有用性」オンラインセミナーin横浜、2022年11月24日。

執筆者紹介

石丸昌彦（いしまる　まさひこ）　放送大学教授
佐藤啓介（さとう　けいすけ）　上智大学大学院実践宗教学研究科教授
市川　岳（いちかわ　がく）　上智大学大学院実践宗教学研究科博士前期課程
有賀史英（あるが　ふみひで）　上智大学大学院実践宗教学研究科博士前期課程
石井研士（いしい　けんじ）　國學院大學神道文化学部教授
橋迫瑞穂（はしさこ　みずほ）　大阪公立大学大学院文学研究科都市文化研究センター研究員
佐藤眞一（さとう　しんいち）　大阪大学名誉教授
日笠晴香（ひかさ　はるか）　岡山大学学術研究院ヘルスシステム統合科学学域講師
後藤晴子（ごとう　はるこ）　大谷大学社会学部講師
松岡秀明（まつおか　ひであき）　東京大学死生学・応用倫理センター研究員
奥山倫明（おくやま　みちあき）　本学人間科学部教授

Annual of
the Institute for Life and Death Studies,
Toyo Eiwa University

Vol. XIX, 2023

The Expanding Sphere of Life and Death Studies in Japan

C O N T E N T S

『死生学年報』投稿規程

東洋英和女学院大学死生学研究所は2003年の創設以来、公開講座の開催と『死生学年報』の刊行を中核として活動してきました。2022年度以降、広く死生学にかかわる論文の投稿をお呼びかけしております。

戦後、生活環境の改善のなかで長寿社会を実現した日本は、少子高齢化時代における生き方と死に方という新たな課題に直面する一方で、医療技術の発展のなかで命の始まりと終わりにかかわる新たな問題にも直面してきました。また近隣諸国との関係のなかで、先の大戦における国内外の戦歿者、被災犠牲者の死の意味の継承の在り方を問われるとともに、1995年の阪神淡路大震災、2011年の東日本大震災をはじめとする多くの災害犠牲者の記憶の在り方も問われてきました。2020年以降はグローバルな課題としての感染症拡大に直面し、私たちは改めて生死の問いを突き付けられています。

その間に、我が国の高等教育機関において、少しずつ死生学を専門分野として掲げる研究教育拠点が誕生しています。こうした状況にかんがみ、私たちは、時代の要請を担う新たな学問領域としての「死生学」の開かれた議論の場として『死生学年報』を位置づけていこうと考えるにいたりました。ここに広く皆様からのご投稿をお寄せいただくことによって、生き死にの在り方に寄り添った心のかよった研究、斬新な視点からの先見的な研究、実直な調査に基づく説得力のある研究など、この分野をさらにいっそう切り開いていく意欲的な研究の成果を、皆様とともに分かち合っていきたいと考えます。投稿をお考えの方は以下の「投稿規程」に従って、ふるってご研究をお寄せください。

1 投稿資格

死生学、また関連する分野の研究者、大学院博士課程在籍者・博士課程修了者、死生学に関連する実務に携わっている方。その他、東洋英和女学院大学・死生学研究所が投稿資格を認めた者。

2 投稿論文の種別

日本語で執筆された研究論文、あるいは研究ノート。

3 研究倫理への対応

投稿論文にかかわる研究遂行上、投稿者は自身が所属する研究機関・学会等における研究倫理指針に則った研究活動を行なっていること（所属する研究機関・学会等において明文化された研究倫理指針が定められていない場合には、ご相談ください）。

4 投稿スケジュール

投稿をお考えの方は、2023年6月30日までに、タイトル（仮）、要旨（150～200字程度）を当研究所（shiseigaku@toyoeiwa.ac,jp）まで電子メールでお送りください。折り返し詳しい書式をお送りいたしますので、8月31日までに論文を添付ファイルでお送りください。
当研究所内編集委員会にて合議のうえ採否を決定し、10月31日までにお知らせします。掲載を決定した投稿論文であっても加筆修正等をお願いすることもありますので、ご了承ください。
加筆修正を条件として採択とする場合には、完成原稿と200語程度の英文要旨を、2023年11月30日までにお送りください。

5 投稿論文の書式の概要
表紙に、タイトル、氏名、所属・職名（大学院生の場合は大学院名・博士課程在籍／単位取得退学／修了を明記)、E-mailアドレスを記載する。
本文は16000字程度とし、横書き40字×30行とする。本文に氏名は記載せず、ヘッダーにタイトル、頁下部に頁を記載する。

6 その他
投稿料はかかりません。掲載された場合には掲載誌10部を進呈します。掲載論文については後日、東洋英和女学院大学図書館レポジトリでのオンライン掲載についての許諾をお願いします。
なお本誌は市販されます。

7 問い合わせ先
東洋英和女学院大学死生学研究所
電子メール：shiseigaku@toyoeiwa.ac.jp

死生学年報　2023　**死生学の拡がり**

発行日　2023 年 3 月 15 日

編　者　東洋英和女学院大学 死生学研究所

発行者　大石昌孝

発行所　有限会社リトン
101-0061　東京都千代田区神田三崎町 2 -9-5-402
TEL 03-3238-7678　FAX 03-3238-7638

印刷所　株式会社 TOP 印刷

ISBN978-4-86376-095-0